儿童阅读的力量

大夏书系·阅读教育

李怀源 著

 华东师范大学出版社

全国百佳图书出版单位

图书在版编目（CIP）数据

儿童阅读的力量 / 李怀源著 . —上海：华东师范大学出版社，2019
ISBN 978 - 7 - 5675 - 9962 - 8

Ⅰ . ①儿 ... Ⅱ . ①李 ... Ⅲ . ①儿童—阅读辅导—研究 Ⅳ . ① G252.17

中国版本图书馆 CIP 数据核字（2020）第 007366 号

大夏书系·阅读教育
儿童阅读的力量

著　　者	李怀源	
策划编辑	卢风保	
责任编辑	张思扬	
责任校对	殷艳红　杨　坤	
封面设计	奇文云海·设计顾问	

出版发行　华东师范大学出版社
社　　址　上海市中山北路 3663 号　邮编　200062
网　　址　www.ecnupress.com.cn
电　　话　021 - 60821666　行政传真　021 - 62572105
客服电话　021 - 62865537
邮购电话　021 - 62869887　地址　上海市中山北路 3663 号华东师范大学校内先锋路口
网　　店　http://hdsdcbs.tmall.com

印 刷 者　北京密兴印刷有限公司
开　　本　700×1000　16 开
插　　页　2
印　　张　16.5
字　　数　237 千字
版　　次　2020 年 4 月第一版
印　　次　2021 年 7 月第四次
印　　数　10 101-12 100
书　　号　ISBN 978 - 7 - 5675 - 9962 - 8
定　　价　49.80 元

出 版 人　王　焰

（如发现本版图书有印订质量问题，请寄回本社市场部调换或电话 021-62865537 联系）

目 录 CONTENTS

上篇　儿童阅读的思考

下篇　儿童阅读的行动

第三章　黑暗中的一束光

为了思考的阅读

　　阅读是为了人的发展，这一点相信每个人都了解。但阅读究竟能够发展人的什么？这一点能够说清楚的人就不多了。包治百病的药是不存在的，如果有号称包治百病的药，大家肯定知道这是假药。阅读也不是能保证人全面发展的良药，所以就需要探讨一下阅读究竟能够给人带来什么，探究一下阅读的核心。

　　我认为，思考是阅读的核心。阅读是通过图画、文字、符号等获取意义的过程。把符号转化为意义是一个心理过程，这个心理过程要有思维的参与。在阅读过程中，因为思维的参与而让符号变成了画面，变成了可以亲近和想象的场景，从而获得了情感体验。

　　阅读是获取信息的过程，更是思考的过程，不同文体的阅读，需要不同的思维方式，整合这些思维方式就形成了阅读的思维。

　　以思考为核心的阅读，让深度阅读成为可能。阅读的深度首先在于所得的深刻。如阅读《童话心理学》这本书，不但能够知道童话中各种意象的寓意，更可以理解其中蕴含的心理学原理。这是这本书传递的基本观念。通过这个观念，还能看到不同文化心理的共性，发现人类在发展过程中的规律——在不断地打破心理局限的同时，维持心理的平衡，用理性战胜感性。童话就是讲述人类成长的故事，同时又为成长助力。只阅读不思考，就没办法透过现象看到本质。阅读的深度还来自看待问题的角度，思维的多样性来自不同人对同一件事的看法，这些在阅读中都能够获得。

以思考为核心的阅读，让思想的形成变为可能。"学而不思则罔。"阅读要和思考结合在一起，不然就会成为读死书。思想是思考的产物。思考不是凭空发生的，书中的内容就是阅读者思考的媒介。文学类的书，读他人的故事，想自己的人生；科学类的书，通过现象思考发展的规律；艺术类的书，从艺术的表现推测创作者的心理。不同的书，促使读者产生不同的思考，不管是接受式思维还是批判式思维，都能够给读者带来思考的快乐。"观千剑而后识器"，读万卷书而后成为一个思想者。

以思考为核心的阅读，让阅读过程变成研究的过程。如果只将阅读作为一种打发时间的方式，这种阅读便是消遣式的。当读者抱着一种研究的态度去阅读的时候，就会不断开阔自己的思维，不断获得"柳暗花明又一村"的快乐。如我在读《童话心理学》的时候，又发现了《童话的魅力——童话的心理意义与价值》这本书，在对比阅读中我发现了两本书写作的先后顺序，看出了哪个作者受了另一个作者的影响。在阅读的时候，总能够从作者提到的其他书中发现更大的空间。

阅读是思考的过程，有了思考这个核心，就会发现，阅读不仅仅有数量上的多少，更有质量上的高低。阅读指向人生的时候，是指向人的内心，指向人的思想的逐渐形成和完善的。一个阅读者如果同时又是一个思考者、一个研究者，他所看到的世界就会与众不同，他就会发现人生的独特意义。

李怀源

2019 年 9 月 10 日

成为有思想的伴读者

每一种相遇都是一种缘分，就像我们遇到一本书。遇到书就应该像遇见一个人，不仅要知人、知面，还要知心。读一本书是同样的道理，不仅要看一本书的封面、封底、内容，还要知道作者为什么写这本书，这本书对于我们的意义是什么。

很多时候，大人都会强调，学习要从兴趣入手，因为兴趣是最好的老师。但是往往会忽略一点，当一个孩子读不懂、学不会、做不对的时候，是很难对学习产生兴趣的。因此，读书应该聚焦在"读懂"。只有读懂一本书，才有可能喜欢上这本书；只有读懂所有遇见的书，才有可能遇见阅读，爱上阅读，才有可能产生真正的阅读兴趣。

一、什么是"读懂"

首先来看"懂"字。"懂"字由两部分组成，左边是"心"字，右边是"董"字。这个"董"字是一个草字头，底下一个重量的"重"，从小篆的写法来看，它是表示一种比蒲草细小的草。也就是说，"董"字的本义是一种细小的草。这个"董"还有监督、管理的意思。加一个心字旁，就表示心中知道和了解。"懂"字本质的意思，就是心里要了解情况、掌握情况，所以这个"懂"是从内心里知道、了解。

二、读书的意义是什么

既然要读书，就一定要知道读书的意义。有家长提出这样的问题：为什么要读书？第一个读书的人是谁？几千年前的人根本就没有书读，更谈不上阅读，他们不是也生活得很好吗？再往前几百万年，我们人类的祖先也没有书可读，他们不是也把优秀的基因传下来，有了我们吗？关于读书的意义确实是一个非常重要的话题。

首先，我们从人类历史发展的长河来看，读写活动是人类最近才有的认识活动。有汉字可考的历史大概有 3500 ～ 4000 年，世界上最早的文字出现在 5000 年以前。也就是说，人类从事阅读和写作的活动，最长的时间不过 5000 年。人类在这 5000 年中所创造的文明超过了前面人类历史发展的几百万年。为什么会有这样的成就？只是因为文字能够记录文化的成果吗？相信没有这么简单。

读写活动是人类这个族群专有的文化认识活动，是人成为人的一个基本标志。人为什么能成为一个现代的人？就是因为人会阅读和写作，否则和其他动物就没有太大的区别。从现在脑科学研究来看，人类大脑当中并没有专门负责读写的区域，在阅读的时候，人们要凭借视觉区域和动觉区域，才能完成读写的活动。

读写活动可以改善人的大脑，建设人的大脑。因为读写是抽象的认识活动，人类在能读会写以后，大脑就可以进行更加抽象的思维，就有可能创造出世界上没有的东西。比如，载人航天在过去只是人类的一个梦想，只是一幅想象的图景，在今天已经变成了一个现实。是什么把很多不可能变成了可能，把梦想变成了现实？除了一代一代的知识的累积，更重要的是人类的大脑经过学习，具有了更加抽象的思维、更富逻辑性的推理。从这个角度来说，读书不只是一个人的事情，还是一个族群、整个人类共有的不可或缺的重要文化活动。我们应充分认识到读书对于群体和个体的意义。

三、应该有什么样的读书观念

西汉文学家刘向说："书犹药也，善读之可以医愚。"意思是说，书就像药一样，阅读得法，可以治愚。"愚"是什么？是人类的不开化，是不通透，所以，读书可以改变人类文明和开化的程度，让一个人、让一个族群的大脑不断地变化，具有更加抽象的、逻辑的思维。读书可以让一个人成为独立的思考者。

但俗话也说："是药三分毒。"每一本书，虽然倾注了作者大量的精力，但它不一定适合所有的人阅读。同样一本书，不同的人从中读到的东西是不一样的，而且有读者适合读这本书，肯定也有一些读者不适合读这本书。孟子说："尽信书，则不如无书。"书，不是万能的，不是对所有人、所有情况都适用的。因此，要学会判断与思考，选择适合自己读的书，确定读书成果。

从行动上来说，很多大人会有一种比较功利的想法，认为孩子阅读了那么多书，一定会写作。其实，阅读和写作是学习的两种不同的途径——既有相关性，又有非常大的区别。阅读是思考的过程，而写作是表达的过程。阅读和写作，就像我们每天吃饭和做饭一样，只要做好饭我们就可以吃，甚至通过品尝可以分辨到底好不好吃，但是做饭却是需要经过很多训练的。所以不要急功近利地想：孩子阅读了，就应该会写作。

另外，我们还要认识到一点，不是阅读了一部伟大的作品，马上就变成了思想家，就像不是品尝了一顿美食，马上就变成了美食家一样，这是不现实的，这是一个更加功利的对于阅读的需求。阅读是需要时间洗练的，它是不断重复的过程，不可能是一蹴而就、一劳永逸的。

家长的职责是帮孩子成就孩子的梦想，而不是让孩子承担家长的梦想。家长经常会塞给孩子很多家长认为应该读的书，如各种各样的名著经典，但是对于幼儿园、小学的孩子来说，这不是他们的认知水平能够达到的。有人说："冰心8岁就会读《红楼梦》。"但我想，她从中读到的肯定不是爱情的，更不是社会的、人性的东西。因为对于一个 8 岁的孩子而言，即使她再早慧，没有知识的积累，没有人生的体验、社会的经历，是很难理解几十岁的作者所表达的那些人生体验的。所以，家长不必强行把书塞到自己孩子的手里。

四、什么是好书

关于什么是好书，首先应该明确它是以谁的标准来确定的。我个人认为，让孩子读的书，好书的标准应该由孩子来确定。

第一是"我懂"。这个"我"就是儿童，不管他是幼儿园的 3 岁孩子，还是小学的 12 岁孩子，他能读懂一本书才会喜爱这本书，孩子喜爱这本书，这本书才是好书。孩子如果不喜欢这本书，这本书对孩子而言就没有意义。这里的"懂"是指孩子能深刻地了解、清楚地了解，这才是"懂"，不是说看了一遍，明白讲了一个什么故事，就是懂了，而是要知道这本书要传达的深层意义。

第二是"懂我"。一个优秀的作者，一个人生阅历丰富的作者，他一定懂读者。他在写作的过程中，能帮读者解答生活和生命中的爱与恨、苦与痛这些问题。孩子们为什么对有些书爱不释手？因为他们在书中看到了自己，他们在生活中遇到的很多难题，通过书中的人物的语言、行为获得了启发。

第三，对于孩子而言，"不讲道理"的书是好书。把很浅显的或者很深刻的道理直接讲述出来，这样的书就没有挑战性，勾不起阅读的欲望。所以"不讲道理"，是一本好书的非常重要的标准。除了"不讲道理"，还要能解决问题。读者心中都有万万千千的困惑，通过阅读一本书和作者对话，和书中人物对话，可以解决自己的许多问题。

一本好书的标准，一定不是所谓的"名著"。很多孩子喜欢漫画，是因为孩子懂漫画，作者用漫画的形式给孩子解开了生活中的许多难题。一个好的作者，会把书写得通俗易懂。而孩子，则能够天然地了解、读懂这些书。

五、好书怎么读

拿到一本好书，怎么读？家长有时候会陷入一种两难的境地：如果给孩子读得太多，孩子就会依赖家长读，结果所有的书都要家长来读；如果家长不给孩子读，孩子或许就是随便翻翻，更别说深入阅读了。

好书该怎样进入一个家庭并以怎样的方式呈现呢？

第一是资金的支持。只要孩子想要的书，不应该用条件交换，而要不讲条件让孩子拥有。比如，"你今天要表现好，我才给你买这本书""今天你要把作业写完了，我才给你买这本书""今天你好好吃饭，我才给你买这本书"……这种用条件交换得来的书，是对孩子的一种非正向的引导。对于孩子要买的书，应该无条件地给予资金支持。家长可能会说："我就这样让他随波逐流随意买吗？让他那么容易得到他想要的东西好吗？"关于这一点，在后面讲得到了这本书以后要怎么做再讨论。

第二是环境的营造。我经常给家长讲，如果家里有条件，一定要有一间书房；如果没有书房，一定要有书橱，最好是一面墙的书橱；如果没有书橱，一定要有书桌，这个桌上要能放书，要有放书的架子；如果没有书桌，也一定要有书。过去我经常说家里的书应该是孩子平时能阅读的 5 倍，现在我觉得还不够，应该是孩子平时能阅读的 10 倍，让孩子在不经意间就能抽取一本书来读。其实有研究者曾表达了这样的观点，就是关于书脊的作用，孩子们每天看着书脊，看着上面的文字，其实也是在阅读，总有一天他会打开这本书。家里如果没有书，就没有阅读的可能。

第三是亲子氛围。阅读是一种环境的营造，尤其是在家里。其实孩子更喜欢坐在家长的腿上，在家长温暖的臂弯里读书，倒不一定非得是由家长读给他，他只是享受这种感觉。这种亲子氛围是非常重要的，家长一定要心平气和地和孩子坐在一起读书。

第四是讨论的场景。一本书读完了，不管是亲子共读的，还是分别读的，一定要有一种讨论的场景。这种讨论不是家长考孩子："这本书里有谁？他做了一件什么事？他做得对不对？他是不是做错了？是不是不应该向这样的孩子学习？"这时候的家长就变成了一个讲道理的家长，一个借着书来给孩子灌输道理的家长，这样的家长是不受孩子欢迎的。对孩子来说，家长也应该像一本书，首先是"我懂"，即孩子要懂家长所表达的东西。其次是"懂我"，家长要能够理解孩子。再次是要能解决问题，家长不应该是裁判，而应该是教练，只是指出孩子身上存在的问题，能发现孩子的优势或者不足，教孩子怎么来进行调整，让他扬长避短。我觉得，讨论场景的一个基本点，就是家长要心平气和地和孩子交换意见。比如，家长先作一个示范，说："读了这本书，我觉得这里边的爸爸做得不太好，你看他多不理解孩子啊！他自己去工作了，不管自己的孩子。"这时孩子可能就会说："书里的小孩应该体谅他的爸爸。"如果家长反过来说："你看书里边那个孩子真是不懂事，他爸爸那么忙，他还要这要那提各种要求。"那么孩子可能就会说："这个爸爸根本就不管孩子。"这就不是一个讨论的场景，而是一种辩论的场景，是一种借书中人物相互指责的场景，这不是真正的讨论。

现在的家长确实不容易，社会的竞争压力也特别大，而小朋友们除了学习，衣食无忧，所以也应该从小学着体谅家长。书中有很多好的例子，如司马光，"司马光生七岁，凛然如成人。闻讲《左氏春秋》，爱之，退为家人讲，即了其大旨。自是手不释书，至不知饥渴寒暑"。好书如何读？除了家长的陪伴，更重要的是孩子自己要好好读。我觉得这也是非常重要的一点。

六、孩子应该怎样来读书

第一，要静默读书，学会独立阅读。静默读书就是安静地阅读，自己先把书大概看一下，然后再和家长交流，这样才能把自己培养成一个真正的阅读者，而不是一个挂着"双拐"的人——这边是爸爸，那边是妈妈，离开他们，自己就不会阅读了。所以静默读书，能够安静地自己去阅读是非常重要的一项能力。

至于从几岁开始阅读，我个人认为越早越好，因为幼儿园的小朋友可以自己看图来理解书的内容，小学生也可以看着图，根据自己认识的汉字，去判断、推论这本书的内容。我觉得，阅读最大的乐趣不是所有的字都认识，能把一本书完完整整地读下来，而是凭借书中的数字、符号、图画等，自己想象出其中的意思，这才是阅读最重要的、最好玩的地方。有句话说，近处无风景，大家旅游都要去远的地方，即使家里再好，周边就是风景区，也觉得没有什么意思。读书也是这样，打开一本书，你就完全理解、了解了这本书的内容，那这本书对于你来说就没有特别多的意义。所以，小朋友们不要惧怕挑战，家长们也不要把所有的所谓的阅读障碍都帮孩子们扫清了，要让孩子有面对思维的挑战的机会。

第二，要静心思考。家长要注意，在孩子读书的时候，尽量不要给孩子送吃送喝，打扰孩子读书。有时候家长很奇怪，孩子安静的时候，家长就想着怎么让孩子动起来，孩子动的时候，家长又希望孩子能安静下来。只要孩子投入地读书了，家长就不要去打扰他，直到孩子终止这个读书活动为止，这样有利于培养孩子专注阅读的能力。只有孩子能静下心来进入书中的情境，才会产生思考。所以我觉得这个是非常重要的。

第三，要开心表达。这是家长非常关心的一个问题。很多家长有这样的苦恼，就是我的孩子读了书了，但是不会复述故事；我的孩子读了书了，但是不会写作；我的孩子读了书了，但是不会背诵，不会表达。怎么办？我们就要营造一个开心表达的窗口，没有这个窗口，孩子们即使读完了一本书，也只是走了一半。怎么样来开心表达？我经常会给家长提这样的建议：

一是家里可以设置一个留言板。这个留言板可以是一块小的黑板，也可以是白板，如果条件比较好，还可以把它做成大大的一块黑板，孩子可以在上面写和画他在书中所感受到的一切，想和家长交流的一切。

其实，学语文也好，读书也好，都是逐渐从口头语向书面语过渡的一个过程，孩子越早使用书面语这样的符号化的语言，他的思维的抽象化程度就越高。孩子在画图画、写文字的时候，不要关注对与错、美与丑，而要关注孩子已经开始拿起笔，开始在上面写了，画了。我觉得，这是孩子从人类的蒙昧阶段向文明阶段迈出的非常重要的一步。这时候，家长要特别用心，要赞赏孩子的这种行为。孩子可能只是画了一颗星星，画了一个小人，其实他是在创造一个故事，他在用符号表达他的意思。我觉得家庭的留言板是一个很重要的阵地。所有的家人都可以在上边留下一些东西。在孩子进了小学之后，家里一定要有这样的黑板或者是白板，让孩子可以留下文字符号，可以看到自己的成果。这其实就是孩子已经开始表达了。

二是准备家庭记事本。家庭记事本用来做什么？记事。今天我们家买了几本书，甚至我们买了什么菜都可以记下来，有的家长可能会觉得，这样是不是太麻烦了？完全可以在手机上记下来，为什么还要写在本子上？对我们成人来说，确实如此，但大家要注意，我们现在是要教孩子，一个人类的孩子在20岁之前要接受系统的读写训练，如果没有系统的读写训练，孩子的大脑发育是受限制的，只依靠音频、视频，就如同回到了比较原始的学习阶段。当然，孩子会很喜欢，为什么？因为那是一种本能，听、看、说基本上是人类的本能，而读和写则是需要锻炼才能具有的能力。怎么样让孩子有读和写的能力？需要进行训练。家庭记事本就可以进行这样的训练。准备一个本子，挂在合适的位置，谁给谁留言，或者家里发生了什么重大的事，都可以记下来。也可以爸爸一本、妈妈一本、孩子一本。随着孩子年龄的增长，年级的升高，孩子会慢慢形成习惯。这种习惯，最好是从很小的时候就开始培养，从画符号，到画画，到写字，这是一个长久的过程。

有的家长说："李老师，我的孩子都上五年级了，我们家还没这样，那怎么办？"没有问题，随时都可以开始，关键是看家长能不能坚持。要注意的是，记事本上一定是开心的表达，不能因为孩子记述了一件什么事，如他把杯子打破了，而你本来不知道，他写在记事本上，被你知道了而受了一顿批评，那下次他就不写了。这样反而是让孩子关上了与家长交流的一条通道。家长要抱着开放的态度，孩子才能开心起来。

七、怎样才算读懂了一本书

有很多孩子只是把书翻一遍就算阅读结束了，家长经常会遇到这样的情况。孩子认为翻一遍书就是读书了。只是知道书里画了一幅什么画，讲的是谁和谁的故事，这不叫读懂一本书，而只是浏览了一下，只知道书的大概。就像站在人群里看了一眼，问："你看到什么了？""我看到一群人。""那你身边过去的是谁？""我身边过去一个人。"这就是浏览，你只是看到类别或者性状，而没有看到更加细节的东西。如你要看到这个人穿的是什么衣服，头发怎么样，是男是女，是陌生人还是熟悉的人等，要进行人脸识别，看清眉眼，你才知道他是一个什么样的人。读书也是这样，一本书怎么才算读懂？你肯定要知道它的细节部分。

所以，关于"懂"，我把它分为三层意思。

第一层是字面之意。就是你要看这本书，要知道字面之意。当然我这里没有说图画书，图画书也有它的画面之意，字面之意和画面之意是一个意思。我们要能凭借这些外在表露的非常鲜明的信息来了解这本书在传递什么。

第二层是言外之意。作者在写作的时候，如果都写得浅显易见，而不是深入浅出，很多读者就会不喜欢。高明的作者往往会把他的一些思想、情感、精神、灵魂层面的东西隐含在文字中，也就是我们中国人经常说的言外之意。

第三层是生命之意。生命之意指的就是对于个人的成长发展的意义。一本书读完了，作为读者，一定要有自己的收获，或者是自己的思考。

也可以这样说，"懂"分为这样三层：一是文本——具体的文字和图画；二是作者，就是隐含在文本背后的那个创作者；三是读这本书的读者。三位一体，把它们统一起来，才叫真正的读懂。

八、怎样做才能读懂一本书

经常会有这样的情况发生，孩子在上幼儿园的时候，在家长眼中简直就是艺术家、科学家、哲学家、思想家、文学家，但上了小学，碰到了识字，碰到了练习，碰到了考试，所有的孩子就被打回了原形，不再是家长心目中的那个小天使了，而是变成了一个让家长很揪心的人，提起来就让人特别烦恼的人。真的是孩子变了吗？其实不是。在孩子6岁之前，家长更多看到的是孩子的发展变化，当孩子上了小学以后，家长更多看到的是孩子的成绩和各方面跟别的孩子的对比。之前是孩子自己和自己比，每一天都有成长变化；后面则是拿孩子和别人比，有差距了，然后就会心理不平衡。

有些家长说："我难道不应该让他和别人比吗？不比较怎么让孩子知道与别人的差距？怎么激励他进步？"每个人发展、成熟的阶段不同，在某阶段与别人有差距并不能说明什么。只要孩子每天都在进步，就是一个非常好的状态。读书也一样。读书，先从熟悉书开始，到读故事给孩子听，到亲子阅读，到孩子可以自己读一本书，这都是一种读书行为，也是孩子培养读书能力的过程，但这还不是阅读的本质。

那阅读一本书的本质是什么呢？

第一是识别。孩子很小的时候就可以识别书中的一些细节信息，如果不能识别的话，家长就要教："你看这里有只小虫子。""你看这朵花，花的叶子上竟然有一个洞，是那只小虫子咬的吗？"家长一定要带着孩子去识别这些细节。孩子识别人的时候也是这样的，孩子最初就是靠声音，甚至有的孩子是靠气味来识别自己的爸爸、妈妈的，这是他的本能。等孩子能用他们的眼睛去识别这些抽象的图画和符号，就成了他的本领。这样的本领需要练习，所以家长要对孩子有这样的提示。

有的时候家长会说："我也没受过这样的训练，我小时候也没读过书，那怎么办？"很简单，从现在开始训练自己。这一生我们都需要为家庭教育不断学习，要当个好爸爸、好妈妈，将来还要当一个好爷爷、好奶奶。现在，家长也要试着去识别书中的细节信息，形成能力，这样才能做好孩子的伴读。

还有一个问题，就是幼儿园小朋友是否要在阅读中识字。随文识字是孩子认字的一条很好的途径，但是我们不要把一个个的单字拿出来考孩子。因为这时候的孩子还处在整体识别阶段。大家对这样的现象或许不陌生，孩子好像能煞有介事地指着一行字读下来，但并不能真正地一一对应他读的每个字。家长对此没必要惊慌，因为所有的孩子几乎都是这样的，甚至有的孩子都能背下来了，可他还是无法做到字、音一一对应。这是识别的一个过程，孩子能认识这种符号就可以了。

另外，家长还要带着孩子识别情绪，去观察一本图画书中人物的表情。有时候很多家长会苦恼，说："我都说反话了，我家孩子竟然听不出来，我已经很生气了，结果他还笑呵呵的，我急了，他才问'怎么了'。"也就是说，这时候的孩子还不能识别大人的情绪。如何让孩子识别情绪呢？家长可以带着孩子一起体会、观察书中人物的神态、表情。这也是孩子6岁之前读书最应该受到的训练。在识别的过程当中，孩子要进行辨别，他就会思考。也就是说，孩子在识别细节的时候，其实就是在思考了。

第二是情境化。一本书就是一个情境，也是给孩子们创造了一个思考的情境，所以我们要特别重视这个情境化。

一、二年级的孩子读书要熟悉什么？要熟悉故事的情节，尤其是故事的细节，因为一、二年级的孩子就应该读文字书了。图画书，因为它的特殊性，有的文字比较多，有的文字比较少。我个人觉得，文字比较少的图画书应该是比较好的图画书，如果既有图，又有大段的文字的话，可能就需要到高年段才能读。所以在选书的时候，要注意这一点。图画书并不因文字的减少而降低了它的魅力，恰恰相反，因为文字的减少，反而提高了它的魅力。为什么？因为图画书中的文字越简洁，图画传递的信息应该越丰富。上面我讲到要识别图画里的细节信息，这时候则要来识别文字中的细节信息了。讲故事的时候，有时我们会强调名词，如小兔子、小乌龟；有时要强调形容词，如"红色的"，他长着一张红色的脸，那么这个"红色的"就是要突出的。所以，有时候我们可以把一个故事读三遍，一遍强调它的名词，一遍强调它的动词，一遍强调它的形容词。如此，这个故事的细节就在孩子们的心中变得丰富起来了。

三、四年级的时候，读书就有一种代入感了，此时的代入感和之前的代入感还略有不同。之前的代入感，直接就是想象自己是故事里边的一个主角，而到了三、四年级时，很多孩子会在不同的角色之间选择，会站在这个角色的立场上去想一想，也会站在另一个角色的立场上去想一想，这就叫角色体验。进行角色体验，除了情感体验以外，更重要的是会产生思考，在一件事的对与错上开始学着去判断了。

五、六年级的时候，就要探讨一些相对厚重的，和生命、人生有关的主题。在对这些主题进行探讨时，孩子们会在思考的时候调动他们的人生经验。

下面举几个例子具体说明一下。

例一，怎样读《猜猜我有多爱你》？

学龄前的孩子就可以读这本书。很多人都知道这本书，但因为熟悉，有时候反倒是不知道该怎么读了。《猜猜我有多爱你》这本书的主题很明确地在讲"爱你"。多爱你啊？很爱很爱你。很多幼儿园的教师或者小学低年级教师在讲这本书的时候，会特别强调是大兔子爱小兔子多一些还是小兔子爱大兔子多一些，反复地强调"我到底有多爱你"。如果这本书就是这么简单地去阅读的话，是不是有点低估、忽略了作者所要真正表达的东西了呢？我觉得我们需要读懂这本书的作者。

我读这本书时在思考，作者想传递什么呢？他想传递的，是"爱不是一句话，而是一种表达"，就是所有的爱都不应该仅仅是一句话，而应该是一种表达。了解了这一点，我们再回头读这本书，还会反复强调"我到底有多爱你"吗？还是会强调"我爱你，我是如何表达的"？我觉得这就是一个思维和表达的统一。

这本书我们可以怎么读呢？一是可以情境再现，就是先演一演书中的这种情境。二是可以进行情感体验，就是在现实当中，再创造性地在家里进行一种表达。三是进行个性化的表达，就是"我爱你，我应该怎么表达"，而不应该仅仅是"我爱你"这三个字。关于爱的表达，我们中国人创作出了很多语言，如青梅竹马、两小无猜、举案齐眉、相濡以沫……如"红酥手，黄滕酒，满城春色宫墙柳""小轩窗，正梳妆。相顾无言，惟有泪千行""倚门回首，却把青梅嗅""烂嚼红茸，笑向檀郎唾""身无彩凤双飞翼，心有灵犀一点通""衣带渐宽终不悔，为伊消得人憔悴"……直到"问世间，情为何物？直教生死相许""山无陵，江水为竭，冬雷震震，夏雨雪，天地合，乃敢与君绝"。你看，这些都是个性化的爱的表达。什么叫个性化的表达？个性化的表达不是说和别人不一样，而是精准，我对谁是什么样的情感，这是需要非常精准的表达的。

家长在读这本书的时候，应该深刻体会的就是，爱不是一句话，而是一种表达。

例二，怎样读《我用32个屁打败了睡魔怪》？

一、二年级的学生可以读这本书。这是作家彭懿和画家田宇合作的一本书。只看书名，就让人觉得这本书与众不同。我们中国人特别不喜欢谈屁，为什么呢？因为我们中国人讲究祭祀，进行祭祀时，要求每个人都要严肃，有很多禁忌。而屁就是一个禁忌，因为屁是一团气。古人认为，神、鬼、灵魂，都是气的存在，放屁就是亵渎神灵。所以我们是谈屁色变的，每一个人都不太愿意去谈论这个。但是这本书作为本土的创作，却打破了很多东西，我觉得这是一本非常好的书。

这本书讲了一个小孩怎么战胜睡魔怪的故事。故事中这个孩子只要躺下，就会做噩梦，他就害怕，其实这就是孩子对于黑暗的恐惧。每一个孩子都会经历对黑暗的恐惧，我儿子上三四年级时，半夜还会跑到我们房间里来，因为他害怕。每一个人打败睡魔怪的方法是不一样的。这本书中是用32个屁打败了睡魔怪。那我们从这本书中只是看到这些就可以了吗？不是。我们应该从中看到孩子是如何自我建构、如何成长、如何去克服恐惧的。孩子的恐惧不只是对黑暗的恐惧，还有对未知的恐惧，对不明状况的所有的东西，孩子都充满了好奇，又充满了恐惧。孩子在面对恐惧的时候，是痛苦的，但是他怎么样去克服恐惧呢？不能靠大人，或者不能完全靠大人，得靠他自己克服。这本书懂孩子，它教给了孩子一种自由表达的方式，让孩子可以用"屁"这个字眼，可以去画它，去表现它。

这本书，我觉得在中国图画书历史上可能会留下浓墨重彩的一笔，因为它把一种禁忌，一个很不容易谈论的话题体现了出来。我是因为参加了这本书的发布会，才认真地去读这本书、思考这本书的。家长们也可以深刻地去读一下，反复读，或许可以读出不同的东西来。

例三，怎样读《亲爱的汉修先生》？

三、四年级的学生可以读《亲爱的汉修先生》。这本书讲一个单亲家庭的孩子通过给作家写信和自己写日记的方式解决了很多问题。任何一本书都应该能帮孩子解决一些问题。比如，孩子在学校，午餐丢了，或者被别人破坏了，应该怎么来处理？在家里，父母产生矛盾了，孩子应该怎么办？每个孩子在生命的每一时、每一刻都被一些问题困扰。怎么样解决这些问题，就需要读一些书，边读书边像书中的人物一样去思考。

这本书让我认识到了人与人之间的交流，就是"让生命卸去沉重的外衣"。如果孩子性格比较内向，就让他和书中的人物交流。当然这个交流指的是精神的相通，而不是把一本书读出来，也不只是去读一本书这么简单。

这本书可以让孩子们学习写日记。很多孩子不会写日记，有时候家长要求，孩子也做不到。其实家长可以让孩子模仿书中的主角鲍雷伊，模仿他的方式去写自己的烦恼。写着写着，烦恼就少了，为什么？因为每一次通过写作来倾诉烦恼的时候，同时也是在思考如何解决这些烦恼。写着写着，可能就有了解决的办法。于是，孩子的思维水平越来越高了，解决问题的能力也越来越强了。

家长要让孩子明白，个人的烦恼别人没法替他解决，只能从外在给他一些帮助，怎么样解决烦恼，还得靠自己。自己怎么解决呢？写日记就是一个比较好的方式，通过写日记可以宣泄情绪，也可以锻炼思想。

更重要的是，没有记录就没有发生。为什么我们可以看到这么多书，看到古代流传下来的优美的诗词、文章？就是因为当时作者写下来了，才有了流传下来的可能。所以想把自己的思想留下来，那就要从现在开始写日记。每一个生命都是一个传奇，但是每一个生命都只是一段旅程，如果我们自己不做一些记号的话，是没人会记住我们的。

例四，怎样读《天蓝色的彼岸》？

五、六年级的学生可以读这本书。我看到这本书立刻就喜欢上了，并且一口气就把它读完了。这本书写一个孩子骑自行车出了车祸，去世了。他的灵魂飘来飘去，飘到了一个地方。这个地方所有的人都在排队，等待登记之后走向天蓝色的彼岸。不过，他心中一直很好奇，他好奇他离开了同学以后，同学会是怎么样的表现；他离开了爸爸、妈妈以后，他们是怎样的表现；他是因为和姐姐吵架才赌气出去骑自行车的，结果出了车祸，所以他也想看看他的姐姐到底是什么样的表现。于是，有一个人带着他回到了人类的世界，当然这时候他已经是一个灵魂了。他回到学校的时候，很失望，他看到班里和他关系最好的同学与和他关系最不好的同学在踢球。但是当他走进教室时他发现，班里所有的宣传栏上贴的都是同学们写的纪念他的文章。这时他才发现，他所看到的世界和他的同学看到的是不一样的，每个人之间的感觉也是不一样的。他虽然有点失望，但他悟出了应该怎么和同学相处。之后他回到家里，气氛非常沉重，父母刚从他的墓地回来，唉声叹气，家里也没人做饭。他的姐姐躺在卧室里，一副悲痛欲绝的样子。他努力地用他的力量拿起一支笔，在他姐姐的本子上写了几个字，表示和解。然后，他就回到了他应该去的地方，走向了天蓝色的彼岸。

死亡是一个非常真实的事情，每个人都会面对，这本书没有告诉读者如何去面对死亡。它告诉读者如何向死而生，在生命存在的时候，如何珍惜分分秒秒，如何珍惜人与人之间的关系。不管是你的同学、你的朋友、你的家人，每一个人都是一段缘分。只要聚在一起了，就是能量的汇聚，大家要相互理解、相互包容。但是，现实中，只有面对死亡的时候大家才能真正意识到这些，否则就是依然如故。

这本书有深刻的含义，作者通过故事主人公在反观人类社会，在人类正常生活的时候，给我们提了一个醒：如果我们活着，就要珍惜，珍惜身边所有的人。这本书可以让孩子和大人都有一种角色体验。谁都无法死而复生，但是这个小的灵魂穿越两个时空的时候，让我们感觉到，真的要静下心来，不要进行蜗牛触角上的斗争了，应该珍惜彼此之间的这种缘分、这种感情。这些不可能通过教育、通过讲道理实现，但通过角色体验，则可以让我们有深刻的认识。角色体验完了以后，还要想：我们应该怎样在我们的生活中去实践这些思想？

不管是此岸还是彼岸，都是一种人生体验。这样的一本书，家长可以带着自己的孩子一起读。国家图书馆少儿馆的馆长就说："我要让我的家人都来读，让我的爸妈（他爸妈年龄都比较大了）也来读。"所以，一个人面对一本书的时候，应该是这样的一种状态。要读进去认真体验，然后不断地去反思、实践。

九、与读书有关的几个问题

在现实中，家长和孩子还会遇到一些和读书有关的问题需要解答，下面我就选几个比较典型的问题来讲一下。

问题一：老师要求孩子按照老师教的方法阅读，以便更好地应对考试，而家长则想多给孩子一些不同的引导，结果有时候孩子就会把家长教的自由阅读的方法拿来用，从而出现了冲突。该如何看待这种冲突呢？

我认为这个问题应该这么看，就是教师在学校里带领学生开展学习活动，会有一些基本的策略和方法。教师要教学生阅读，要教会学生阅读，要教学生通过阅读去学习，当然也教学生通过阅读去答题。家庭中的阅读更多的是为了指导孩子人生的大方向，与学校里的阅读是为了完成每一个学期、每一个单元的学习目标的小方向并不冲突。二者是有分工的，学校就是教学生学习的，而在家庭里进行的是家庭教育，也就是过去我们讲的家风、家教，不是教知识，而是教孩子人生的哲学、做人处事的行为方式。所以，家庭中的阅读应该天然地和学校的阅读是相互补充的。孩子用家长教的阅读方法去做题，显然会成为一个问题。那家长要不要教孩子阅读方法呢？我个人认为，家长还是多跟孩子进行一些思想的交流，对阅读内容的价值、意义等进行交流比较好。在学校里，所有的答案都有一定的规范性，不可能是完全自由开放的。家庭里的阅读和学校里的阅读应该是互补的，而不是相互代替和相互挤压的。

问题二：为什么孩子总觉得自己脑子里很空，没有什么想法，也不知道有什么可思考的，心里好像空落落的，没有可以附着的东西？

之所以会有这样的感觉，一个重要的原因，就是读书少。我们应该把手机放下来，把有关多媒体的一切东西放在一边，然后去阅读。读书的时候，会有一些凭借促使你思考。这个凭借是什么呢？就是故事，很多故事会为你开拓想象的空间。我觉得这是很重要的。所以，我们首先要静下来，然后读起来，慢慢地，我们的内心就没有那么空了。

人在什么时候比较容易空，比较容易无聊？就是他的思想里没有太多思维的介质的时候。这个介质是什么？就是中介物，如一本书、一个故事、一个情节等。读书对于丰富一个人的思想很重要。

读书就是要让自己的视野、视角更开阔，甚至看到现实生活当中没有的东西，我觉得这是读书的一个很重要的作用。不管是幼儿园的孩子还是小学甚至更高年级的孩子，都应该尽量多读书。书是用人类抽象出来的符号写的，是人类的发明，值得我们认真研究。尤其是中国的汉字，它是一个全息系统，对我们的一些文化的理解、一些词汇的积累都非常有用，所以我们一定要多读书。

问题三：孩子要不要学习速读、速记？速读好还是精读好？

我觉得在现代这个社会，读得快一点还是有好处的。但是不管速读也好速记也罢，我觉得不用学太多，孩子基本会一点就可以了。因为它也是一种训练方式，一种思维模式，孩子会这个模式就好，而不要僵化在这个模式上。

速读与精读哪个更好，我们要看需要。我们是要虚心涵泳去咀嚼呢，还是要快速地找一个信息、找一个答案呢？如果是为了找一个答案，那就速读；如果是为了欣赏它，那就精读。

问题四：老师推荐的书孩子不爱读，但是不得不读，因为要考试。而家长想让孩子读孩子喜欢的书，但又担心孩子在学校学不好必读书，耽误了考试，家长陷入了焦虑。

家长要做好在家里的事，老师要做好学校里的事。家长不能越来越像老师，而逼得老师越来越像家长，这是一个不成立的或者是很拧巴的事实。你认为老师推荐的书孩子不爱读，但是不得不读，那孩子为什么不爱读？可能是因为挑战性比较大。那其他的孩子能不能读呢？有时候家长不要太过于溺爱自己的孩子，因为孩子不喜欢就放弃了对他的要求。要问问孩子："别人可以不可以？如果别人可以，那你也应该可以。"这也是我们学校的一个基本态度。为什么我们要建学校，而不是在家里教育自己的孩子？就是要通过比较，让孩子在这个群体里找到自己的位置。如果大部分孩子都能做到，那说明我们自己的孩子也应该做得到。所以，家长不用太焦虑。有时我们还会上这样的课，叫阅读体验课，就是每个孩子可以和同学交换他们自己喜欢的书来读，因为阅读就像吃饭一样，经常会有偏食的人，阅读也会偏食，家长也要警惕这一点。

问题五：听书可以代替看书吗？

我是听评书长大的，听收音机里面刘兰芳讲《岳飞传》，袁阔成讲《三国演义》，还有《水浒传》《隋唐演义》等。但是有一个前提，就是那时候书太少了，除了上学用的教材，我们很少能看到其他书，最多有几本小人书。在这种情况下，听书肯定是有用的，既拓宽了视野，增加了想象空间，也让我对历史、文化产生了浓厚的兴趣。

现在的孩子正好相反，他们不是没有书读，而是可读的书太多了；不是没有可听的，而是可听的太多了。于是就出现了孩子过多地依赖于听书，而不愿意读书了。听是一种本能，听的时候孩子容易进行想象，构建画面，获取意义，也就是说，孩子容易听懂。而孩子阅读抽象的文字时，可能就会读不懂。所以很多孩子不愿意去读书，而愿意去听书。这时候家长应该怎么办？家长一定不能放任孩子不读书而听书，在适当的年龄阶段，如小学一年级，无论孩子过去多么爱听书，也要慢慢地把孩子引导到读书上来。读写是人类特有的认识活动，每个人都必须学会读写——在20岁之前，20岁之后可以随意，但是在此之前，一定要进行学习，进行读书活动。总之，听书一定不可以代替读书。如果孩子真的愿意听书，家长可以给孩子买他听的那本书的文字书。比如，孩子听《西游记》，那就把《西游记》这本书买回来，孩子听完了以后再看书容易懂，挑战性降低了，孩子可能就会喜欢这本书。家里一定要有文字的书，这是非常重要的，因为这是孩子抽象思维的一个重要的凭借，一定要引起家长的关注。

关于读书，是一个无穷无尽的话题，我们再谈三天三夜，大家心中还是有困惑。为什么呢？因为每个人都有不同的思考与认识，而我也只是提出了我的一些中观的建议，它既不是高不可攀的理念，也不是适用于千家万户的实践经验，它需要家长在接受了这些观念以后，慢慢地去调试，在自己的家庭里实验，才能找到需要的答案。当然，随着孩子年龄的增长，这个答案也是会变的。

读书是一件好事，但不是最好的，并非"万般皆下品，唯有读书高"。读书背后的读懂，读懂背后的思维和表达，才是最好的。读书本身是一件很美的事，不能进行思考和表达，它的美就会逊色很多。

所以，我们不但要读书，而且要读懂。我们读一本书，要像我们遇到一个人一样，要知人、知面，也要知心。

最后再给大家总结两句话。

一句是：**读书是思考的过程。**

既然读书是思考的过程，那么就不是书读得越多越好，而是思考得越多越好。如果一本书就能让我们产生非常丰富而深刻的思考，那么我们就没有必要去读很多同类的书。所以，家长在要求孩子读书的时候，或者孩子在要求自己读书的时候，不要去和别人比读了多少本书，而要看自己读完书之后有没有产生一种感受，就是读了书以后，自己真的变了，就像破茧而出的蝴蝶一样，自己的精神、思想、灵魂可以飞舞了，跟过去不一样了，我认为这才是最重要的。我觉得，读书就是思考。我个人也没有读过很多书，但是我会结合我的人生经验和书中的内容，进行很多思考。

还有一句是：读别人的故事，想自己的人生。

读每一本书都像是过一种虚拟的人生。跟着书中的主人公，跟着书中的任何一个人物，都可以进行一次别样的人生体验。但在这一过程中一定要思考：如果是我，我怎么做？如果是我，我能不能面对？只是思考还不够，还要"写自己的历程"，一定要写下来，记录下来。

所以，从这个角度来说，读书并不是为了学到知识，而是为了美好的生活，再放大一点说，是为了美丽的人生。让我们的人生更加丰富、更加充盈、更加与众不同，这就是读书带给人类最美好的东西。

上篇　儿童阅读的思考

阅读提示——————————•

　　本篇三章共选入 12 篇文章，这些文章都是在《中国教育报》等报刊上发表过的，最早的发于 2009 年，前后跨度大约有 10 年。

　　第一章是儿童阅读的理性认识。希望能够站在文化和历史的角度来看待阅读，同时又要面对互联网时代碎片化阅读的现实。二者相互补充、有机结合，才可能让儿童阅读健康发展。

　　第二章是儿童阅读的意义建构。希望能够从文学的角度，思考文学阅读对儿童生命成长的意义，同时又要汲取传统文化中的优秀基因。二者相辅相成、浑然一体，才可能丰富儿童阅读的意义。

　　第三章是儿童阅读的实践探索。希望能够通过读物分级、理性引导、班级推进等方式，让儿童读最少的书而受最多的益，社会、家庭、学校三者共同携手，才可能完善儿童阅读的结构。

　　这些文章是作者对儿童阅读持久思考的结果，从中也能够看到儿童阅读发展的大致脉络。作者从一个实践者的角度来体验，同时又从一个观察者的角度来审视，站在不同的时期，反思儿童阅读的行动。

　　阅读是读者的个人行为，但是，为了儿童的阅读就是一个国家和民族的行为。阅读可以自由，但是为了儿童的阅读，大人一定要承担一些"教"的责任，言传身教也好，身体力行也罢，总之，都要带领儿童进行真正的有思考、会表达的阅读。

　　"阅读观点"是从每一篇文章中提炼出来的和儿童阅读有关的观点；"阅读思考"和"阅读行动"提示读者转变角度去审视儿童阅读，并且付诸实践帮助儿童阅读。

第一章　儿童阅读的理性认识

可怕的文化印记

一个人可以改变容颜，却无法改变自己的心理；一个人可以改变经济状况，却无法改变自己的思维。一个人说话、做事，看似是一种极端个性化的行为，却无法抹掉群体的印记。也就是说，每个人的身上都烙着文化印记。这个印记，是个体不由自主地，甚至是虔诚地自愿印上去的。这就是我读完《童话心理学》这本书以后的想法。

《童话心理学》是日本心理学家河合隼雄的作品。对心理学，我一向是敬而远之的，觉得心理是一种现象，是个体的表现，抽象出来的所谓规律未必适合所有人。买这本书，纯属因为"童话"二字。近些年我一直在读儿童文学，所以想增加点有关儿童文学的理论知识。

看这本书，是在高铁和地铁上。每次出差，我都会选一两本书随行，一个标准是近期完成任务需要读的，一个标准是携带比较方便的。这本书是后者。我在去泰安的高铁上开始读这本书，没想到一打开即被吸引，读到有趣处，还拍照发给友人。甚至不舍得一下子读完，后来就上下班时在地铁上读。

这是一本怎样的书呢？既让人感觉亲近，能心领神会，又让人想拒之千里，因为其中讲的道理仿佛看透人心，让人毛骨悚然。

一是对文化的领悟与尊敬。

原来，所有的童话故事都不是别人的故事，而是大家的故事，是集体无意识的故事。这也是童话故事能够口耳相传、能够带来温暖的根源。童话故事不只是记录了人类童年的挣扎，更记录了人类不断长大的历程、逐渐丰富的心灵。看看章节题目中的字眼——"童话与心灵的构造""何谓'大母神'""远离母亲的心理独立""影子的觉醒""青春期""父性原理""男性心中的女性""女性心中的男性""实现自性的过程"，就知道文化多么令人尊敬了。

二是对印记的拒绝与恐惧。

读这本书，让我想起小狗转着圈咬自己尾巴的画面，也许小狗是真的不想要它那"会说话"的尾巴，它的幸福、恐惧、高兴、沮丧，尾巴都能准确地表现出来，而这种表现是不由自主的。人类会有这样的拒绝吗？读了这本书之后，我的回答是，会。我们其实是害怕被别人看透的。如果别人用弗洛伊德、荣格、河合隼雄的目光看我们，我们会怎么样呢？估计即使我们不说话，也已经完全暴露了自己。因为他们会用一种框架审视我们，这个框架就像一个心理学透视仪，让我们的心理无所遁形。这个透视仪使用的是心理学这门技术，而这门技术又依托于哲学，扎根在文化的土壤中。这门技术不是工业产物，而是思维的产物，这点尤其可怕。

当你知道男女、母女、父子的关系都是从原始阶段一步步明确起来的，而这背后其实经历了一段混乱的时期，所有的基因里面都带有这种印记，其典型代表是俄狄浦斯情结的时候，当你知道童话中的小鸟象征灵魂，一只小鸟起飞象征灵魂的自由，群鸟乱飞则令人恐惧的时候，当你知道童话中的青蛙象征着在无意识的冲动下出现的明显意识化倾向的时候……你会逐渐明白，为什么那么多很久很久以前的故事，会有那么多的雷同之处。

童话本身就是人类思维和精神的产物，读完这本书我有了一个新的思维框架。当我再去读葛翠琳的《野葡萄》时，我忽然能够站在中国传统文化的角度来理解了。《野葡萄》是作者对中国北方民间故事素材进行的重述和再创造。故事的主角被弄瞎了双眼，在白鹅的指引下去寻找野葡萄，她历经千辛万苦都没找到，在不小心坠下悬崖的瞬间，却意外采摘到了野葡萄，最后她复明了，并且把野葡萄送给所有需要的人。从这个故事中我看到了"盲""白鹅""野葡萄"。"盲"不只是眼睛失明，更预示人类精神的迷茫，人在成长的阶段总会有迷茫。"白鹅"预示的是灵魂，当人迷茫的时候，就需要灵魂的指引。"野葡萄"象征成长的契机，是人生的顿悟，这个契机不是等待来的，而是探险得来的。当一个人经历了该经历的一切，某一天就会找到野葡萄，眼睛也会明亮起来，从而不再迷茫。整个故事还以中国的传统观念来贯穿，那就是"穷则独善其身，达则兼济天下"。中国的童话带有鲜明的中国文化印记。

结构不变，性质不变，一个人不应该只是见多识广，更应该不断扩充自己的思维框架。用这样的结构去思考，去观察世界和自己的印记，就会看到一个不一样的世界、不一样的自己。每个人都应该经历自我剖析的过程，破除心中的恐惧。

✎【阅读观点】

童话故事不只是记录了人类童年的挣扎，更记录了人类不断长大的历程、逐渐丰富的心灵。

结构不变，性质不变，一个人不应该只是见多识广，更应该不断扩充自己的思维框架。

每个人都应该经历自我剖析的过程，破除心中的恐惧。

中国古人怎样读书

在中国古代，是以口头语为主要交流方式的。自从有了文字，才出现了书面语，读书才成为一种可能。

那么在古代，是什么人在读书呢？为什么要读书呢？读的是什么书？怎样读书呢？让我们顺着历史的河流，走进古人的读书世界。

一、什么人在读书

在中国古代，人可以分为两种：一种是读过书的人，一种是没有读过书的人。在"书"出现的很长一段时间里，大概是在孔子出生以后，书只是"有闲阶级"的奢侈品，一般老百姓是接触不到的。即使到了离我们最近的清代末年，普通老百姓的入学率也很低。

读过书的人大概又能分为三类：一类是读了一点书，如读了蒙学的杂字书之类的，然后就去从事相关工作了，与读书渐行渐远，严格来说已不能算作读书人了；一类是一直读书，受过比较完整的教育，从蒙学，到小学，到大学，把读书作为谋生的手段；一类是读过很多书，以读书为人生最大的爱好，并且在读书治学方面有所成就，这是严格意义上的读书人。

二、为什么读书

读书，在中国有着极广泛、极重要的意义。读书即学习，读书人即文化人。读书具有重要的地位应该是从"书藏秘府""学在官府"开始的。"万般皆下品，唯有读书高"是对读书意义的高度概括。"书中自有黄金屋"，说明读书是很实惠的，可以解决生活问题。这些都是用通俗的方式告诉青年子弟，应该怎样改变自己的命运。其实，这种教育一直延续至今，整个社会对高考的迷恋，就是这种读书追求的生动写照。

历代统治者都十分注重读书，连隋炀帝这样的"昏君"，战乱后都会亲自组织文人搜集整理图书。隋炀帝"自为扬州总管，置王府学士至百人，常令修撰，以至为帝，前后近二十载，修撰未尝暂停；自经术、文章、兵、农、地理、医、卜、释、道，乃至蒲博、鹰狗，皆为新书，无不精洽，共成三十一部，万七千余卷"。对过去的书，删去那些重复猥杂的本子，"得正御本三万七千余卷"。这说明，提倡读书是治国理政不可绕过的。

在读书人看来，读书是实现人生价值的必经之路。人生价值，一是"修己"，一是"达人"。读书是人区别于动物的主要特征。"人不为己，天诛地灭"，其中的"为"乃"修为"之义。也就是说，人如果不修身，不完善自己，老天都不会容忍。读书可以修身、齐家、治国、平天下，实现一个人的终极人生价值。在中国，一个不识字的人也会推崇读书，出身"耕读之家"是一件荣耀的事。

三、读什么书

自有汉字以来，就算进入了"书"的时代。最早的"书"主要是"写"的意思，后来才演变成静态的"书籍"之义。

书从材质上说，主要有甲骨、金石、竹木。真正可以称得上书的有帛书、简书、纸质书。其他如青铜器、玉器、瓷器上面也有文字，可以阅读，但不是书的概念。跟书有关的字有"册""典""策""简""篇""符""籍""簿"等，从这些字看来，通用的书应该是由竹简、木牍制成的。书写工具主要是刀和笔。字的颜色以黑、红两种为多。也就是说，古人读的书在纸张发明以前，跟我们现在读的书是完全不一样的，读书不易，藏书不易，写书也不易。纸张发明以后，虽然书的体例、文字依然与现在不同，但是从书的性质上来说，已经差别不大了。

书的内容也不同。孔子修订"六经"以前，《尚书》等历史类的书已经开始有了，但是藏在秘府，只有极少数人可以阅读。大众读书，应该自孔子设立私学开始，这时候，书才慢慢普及，才有更多的人可以读书。

孔子以后，又可大致分为两个时期，以汉代"独尊儒术"为分界线，一是"五经"时代，一是"四书"时代。此前，以学习"六经""六艺"为主，"六经"为《诗经》《尚书》《礼记》《易经》《乐经》《春秋》，因《乐经》早就不可考了，所以其实是"五经"，这"五经"是真正意义上的书，而这些是共同的文化遗产，不是独属儒家。汉代以后，把儒家经典奉为教材，就出现了《大学》《中庸》《论语》《孟子》，称为"四书"。到了宋代，朱熹的《四书章句集注》一出，其后的所有朝代以科举取士时，都把《四书章句集注》的内容作为标准答案。《论语》《孝经》作为必读书，一直延续到"壬子癸丑学制"颁布，小学方去除"读经"一科。

以上是对古人读什么书的简述，具体到不同的时代，还是有不少差别的。

古代的学制自汉代以后，大致分为"蒙学""小学""大学"，有时"蒙学""小学"是融为一体的，按照朱熹的论述，小学是 8～15 岁，大学是 15～20 岁，20 岁以后可以从事社会工作。而蒙学是 8 岁前，当然，能够接受蒙学教育的都是家庭条件比较好的孩子。蒙学和小学一般是在"家塾"中进行，而大学是官府之学。

1. 蒙学的书

汉代，"能讽书九千字以上，乃得为史"。识字是一个人能够当官的基本条件。其实，在整个中国古代，蒙学都是以识字、写字为主的。在"六艺"中就有"书"一科。所以，字书，一直是受推崇的，一是因为它是阅读的基础，二是因为它是生活的基础，是受众最多的一门学问。

最有名的字书是《尔雅》，它是我国最早解释词义的专著。这本书比较难读，因为隔得年代比较久远，文字不好理解，前代的书面语隔上一段时间，后人就不容易懂了，这个问题在整个历史过程中一直存在，这也是我国历史上出现很多"注""疏"的原因。

周时以《史籀篇》来教儿童，"《史籀篇》者，周时史官教学童书也"。秦代有李斯作《仓颉篇》、赵高作《爰历篇》、胡毋敬作《博学篇》，汉代有史游作《急就篇》、司马相如作《凡将篇》，南北朝出《千字文》，宋代出《三字经》《百家姓》，清代出《弟子规》等，这些书都是流传较广的识字书。有著名文人编辑的，也有从事教育工作的私塾先生编制的，在识字的同时进行道德教育。

第二重要的书就是诗。中国是提倡"诗教"的国度。《诗经》对于小孩来说有点难，所以后人对诗歌不断进行选编。在蒙学中流传最广的，就是《神童诗》《千家诗》《唐诗三百首》等。这些书是为了让儿童接受诗歌教育。

再有就是一些有关日用的书。如杂字书，《六言杂字》《益幼杂字》《群珠杂字》等都属此类。

另外还有有关道德和行为规范的书。如《太公家教》《弟子规》。

2. 小学的书

小学的书，是以《论语》《孝经》来贯穿的。宋代以后，有朱熹的《小学》。"五经""四书"也是这个阶段的必读书。

3. 大学的书

中国古籍按内容分为经、史、子、集四大部类。各代的学子已经在读这些书。

除了这些通识读物，在不同的朝代还有专科的书，如兵书、医书、药典等。东汉有学习、研究文学艺术的专门学校——鸿都门学；南北朝有文科专门学校——文学、史学、玄学诸馆；唐代的专门教育在中国古代教育史上较发达，有算学、医学、律学、书学等，以后各代也多有延续。这些学校的学子要读《九章算术》《素问》《黄帝针经》《唐律》《说文解字》等。

4. 社会的书

不再上学的人，他们读书是为了修养品性，自由度就比较高了，诗词歌赋、礼乐文章都可以读。在朝与在野、入仕与出世的人，读的书也是不一样的。

术业有专攻的人，读自己需要的书，如道家的人要读《道德经》，佛家的人要读《金刚经》，医生要读《黄帝内经》，研究农学的人要读《齐民要术》……

值得注意的是，古人读的书并不是一成不变的。也就是说，学校里读的书，既有继承，又有发展，也有舍弃。历朝历代都会有学者怀疑前代的书，如宋代朱熹质疑以孔颖达《五经正义》为代表的对经书的注疏之作，于是对教材进行改订，出了《四书章句集注》。到了清代，颜元对程朱理学教育提出了中肯的批评，他说："千余年来，率天下入故纸中，耗尽身心气力，作弱人、病人、无用人者，皆晦庵为之也。"

从教材建设的意义上说，宋代是个集大成的时代，出现了几本影响深远的蒙学读物《三字经》《百家姓》，还有朱熹编写的《小学》。自宋以后，各个学段的教科书基本形成定局。清代也值得关注，出现了《古文观止》《声律启蒙》《弟子规》《笠翁对韵》等读物，对现代还有影响。

古人读书以整本书为主。到了南北朝时期，梁昭明太子萧统主持编写的《昭明文选》开了文选的滥觞。到了宋代就有了"《文选》烂，秀才半"的说法，足可见其影响力。《昭明文选》的出现是一种历史的必然，因为随着时代的进步，书籍的数量不断增加，从开始的"五经"到"七经""八经""九经""十经"，以至于后来的"十三经"，一个普通人是很难阅读完大量的书籍的，于是就出现了由著名学者精心选编书籍，以便让普通读者能够接触到文化中的精华部分，如果感兴趣，再去找专著来读的现象。这是一种很好的导读方法。只是随着时间的发展，很多人只读文选，不读原著，读文选成为获取功名的一种手段，那就是应用的问题了。

"今人不见古时月，今月曾经照古人。"不同时代的人，同在月光下，手里拿着的又是怎样的"一本书"？

四、怎样读书

每个时代的读书场所是不同的，名称也不同，"古之教者，家有塾，党有庠，术有序，国有学"。但是概括起来，就是两个场所——家和学校。私人的藏书楼，一般人是不被允许进入的。

1. 读书的精神

"悬梁刺股""凿壁偷光""囊萤映雪"……这些成语背后都站着千万个读书人，集中表现了古人对读书的渴望，也激励了一代代的读书人。这种坚韧的精神，因为不近人情而被后人所诟病，到现在已经几乎不能激励学子了。其实，这种精神是一种内在的需求，而不是做给他人看的，一个读书人应该具备这种精神，将其作为文化的一部分传承下来。

2. 读书的方法

古代读书的方法很多，集大成者是朱熹的"朱子读书法"。朱熹提出了"循序渐进，熟读精思，虚心涵泳，切己体察，着紧用力，居敬持志"的读书方法，被后人不断运用。

（1）循序渐进。第一，读书要按一定的次序，不要颠倒；第二，应根据自己的实际情况和能力安排读书计划并切实遵守它；第三，读书要扎扎实实打好基础，不可囫囵吞枣、急于求成。

（2）熟读精思。熟读的要求是"使其言皆若出于吾之口"；精思的要求是"使其意皆若出于吾之心"。对于精思的方法，朱熹提出了"无疑—有疑—解疑"的过程。

（3）虚心涵泳。所谓"虚心"，是指读书时要虚怀若谷，不要先入为主，牵强附会；所谓"涵泳"，是指读书时要反复咀嚼，细心玩味。

（4）切己体察。强调读书不能仅仅停留在书本上、口头上，而必须见之于实际行动，要身体力行。

（5）着紧用力。第一，必须抓紧实践，发愤忘食，反对悠悠然；第二，必须抖擞精神，勇猛奋发，反对松松垮垮。

（6）居敬持志。所谓"居敬"，就是读书时要态度端正，注意力集中；所谓"持志"，就是要树立远大的志向，并要以顽强的毅力长期坚持。

朱子以个人体悟为出发点，把他毕生的读书经验进行了总结。这六种读书方法，更像读书的原则和规律，其中可以算作具体读书方法的，就是熟读精思和虚心涵泳了。这两种方法可以让学子了解怎样去读一本书，至于具体怎样把心放空，怎样反复咀嚼和玩味，全由心性决定。如果在蒙学和小学阶段就教学生这些方法，是起不到具体指导作用的。这也是古代读书不近人情的地方，就是不能从儿童的特点出发，过于强调个人感悟，而忽略具体策略的指导。

从朱子读书法，可以获得以下几点启示。

（1）重视自读感悟。"师父领进门，修行在个人"的思想贯穿中国古代整个教育体系，不管是哪级哪类学校，都强调个人的作用，教师只起引导作用，很多时候，都是"先生教出一批超过自己的学生"。读书人的苦读，是为了量的积累，以期达到质的变化，成为一个有学问的文化人。

（2）重视相互学习。"三人行，必有我师""独学而无友，则孤陋而寡闻"是对读书人的告诫。所以，在古代的书院制度中就有学长帮助学弟的规则，不同的人之间可以相互交流。

（3）重视专家引领。在书院制度中，有"会讲"制度，这是不固定的，大概几个月进行一次。由学问高深的人进行专题讲座，可以是书院的"山长"，也可以是来此访学的"高访"，更可以是专门请来的"专家"。有时候，还要进行高手之间的"对决"，让所有弟子观摩。比如，朱熹和陆九渊的论辩。陆九渊主张心学，朱熹主张理学，两人进行过多次辩论。一次是"鹅湖之会"，这次参加的弟子不多。一次是"南康之会"，淳熙八年（1181 年），朱熹知南康军，二月，陆九渊访朱熹于南康，朱熹请陆九渊登白鹿洞书院讲习。此时，那些心中存有疑问的学子们就可以在这样的场合得以释疑。如果还不能理解，那就回去继续读书。

在官办的大学中，也有明确的进阶规则，不同时代对学子的要求都是比较严格的。

3. 读书的进程

历代都有一定的课程表，有时候是政府下达文件，由负责督学的人去检查落实。每个时代强调的重点不同，但是都会考虑按国家、社会的需要去安排课程。

孔子时代，读书就应该有日程了。"孔门四科"包括德行、言语、政事、文学。不同的弟子在接受通识教育的基础上，再接受专门的教育，这就是对课程的安排。所谓的因材施教，就是不同的学生接受不同的教育。

元代，程端礼根据自己的学识和经验，编写了《程氏家塾读书分年日程》，这是对私塾教育课程的一个规定，也是对前代经验的总结。第一卷依朱子读书法，规定读经的程序：8 岁未入学之前，读程逢原增广的《性理字训》；8 岁入学之后，读朱熹的《小学》，次读《大学》《论语》《孟子》《中庸》《孝经》，再读《易》《书》《诗》《仪礼》《礼记》《周礼》及《春秋》并"三传"；15 岁后再"以朱子法读《四书注》"，并抄读以上经书。第二卷规定在读经的基础上按学文、读史的程序：先看《通鉴》，次读韩愈文章、《楚辞》，之后"以二三年之工，专力学文，既有学识，又知文体，何文不可作"，练习"科举文字"，准备应试。第二卷末附五种表格，注明每日功课纲要。第三卷录王柏辑《正始之音》，以明辨音义之方法；最后阐明朱子读书法六条。元代国子监曾将此书颁行郡邑学校，明代诸儒读书亦奉其为准绳，清代陆陇其曾刊刻此书以资流传。这本书对后世课程表的安排影响很大，已经向着科学合理的方向发展，考虑到了书的难易程度，也从一定程度上考虑到了学生的年龄特点。

总而言之，整个读书时代，基本以识字读物为起点，以"五经""四书"为经，以《论语》《孝经》为纬，编织了以儒学经典为主的教材体系。但是，在历代又有冲击，如汉代初期的黄老之学、魏晋时期的玄学、唐代初期的道教，都曾冲击儒学体系。再就是，学今文还是学古文的争论一直存在，如汉代的"今文经学""古文经学"，近代的"文白之争"，古文正统，今文易懂，两派都有自己的观点。与此呼应的就是"信古"和"疑古"的斗争，"信古"的一方不断进行"注疏"，出现所谓"六经注我，我注六经"的现象，针对《易经》中的一爻，有人就能写出洪洪万言的注释。"疑古"的就不断推出新书，否定前人。还有就是"唯书""唯实"两派的斗争，"唯书派"强调从书本到书本，"唯实派"强调从书本到人生。"唯实派"自墨子开始，从汉代的王充到清代的颜元，每个时代都有代表人物，但是，"唯实派"的观点因为不够现实，不符合各方利益，即使所从者甚众，也没有成为读书人的主流思想。

读书，在中国的群体意识里是高尚宏大的，但是中国古代并没有系统的阅读理论，有的是"读书破万卷，下笔如有神""开卷有益"等名言，有的是文化名人开列的林林总总的书单，有的是"好读书，不求甚解；每有会意，便欣然忘食"的个人感悟。至于如何去读，如何算读得好，怎样才能读得好，只有靠读书人自己去体悟了，于是就有了"望文生义""牵强附会"的现象。

读书的另一面肯定是迂腐，是酸臭，是"肩不能担担，手不能提篮"，是"手无缚鸡之力"，是被人所耻笑的"两脚书橱""冬烘先生"。真的因为有了"范进"和"孔乙己"，读书就失去魅力了吗？读书，确实造就了一批文化大家，他们琴棋书画、诗词歌赋样样精通，活出精彩的人生。读书，也确实造就了一批循规蹈矩、人云亦云的人形鹦鹉。但这不是读书造成的，是时代的框架，是文化的积淀，是个人的悟性，是思维的品质，造成了读书人的迥异人生。

读书，在中国几千年的文明史中，就这样纠结着、矛盾着一路前行。向左是高贵，向右是寒酸，只有不偏不倚，一直向前，才能走进书的真实世界，才能激发人的无限能量。

✎ 【阅读观点】

读书可以修身、齐家、治国、平天下，实现一个人的终极人生价值。

朱熹提出了"循序渐进，熟读精思，虚心涵泳，切己体察，着紧用力，居敬持志"的读书方法，被后人不断运用。

读书，确实造就了一批文化大家，他们琴棋书画、诗词歌赋样样精通，活出精彩的人生。读书，也确实造就了一批循规蹈矩、人云亦云的人形鹦鹉。但这不是读书造成的，是时代的框架，是文化的积淀，是个人的悟性，是思维的品质，造成了读书人的迥异人生。

"互联网 +" 下的阅读教育

当下，各行各业、各细分领域都流行"互联网 +"思维，阅读教育也不例外。在新技术深刻影响教育的时代，阅读教育的确需要在"互联网 +"的环境和思维下重新进行思考和实践。

先来谈一点关于"互联网 +"的思考。"互联网 +"主要涉及六大核心内涵：跨界融合、创新驱动、重塑结构、尊重人性、开放生态、连接一切。其中，我认为跨界融合、重塑结构这两点尤为重要。社会上的许多机构已经习惯了某种思维结构和运行结构。以学校为例，很多学校配备了先进的技术设备，但使用率很低，这其中最大的原因就在于使用者的思维方式没有改变。"互联网 +"表面看来是行为，但实质上更应该是思维。行为的改变促进思维的改变。因此，教育，特别是阅读教育在面对"互联网 +"时，尤其要关注思维的改变，如各种互联网平台进行阅读评测等就要以此为目标。

阅读的过程就是思考的过程，如果一个人在阅读当中没有思考，那么阅读就没有发生。一个人阅读，是为了发展自己，成为完整的人和有思想的人。读别人的故事，想自己的人生，在阅读中体验情感和思想的变化，这是阅读可以带给读者的，这一点在互联网时代仍是如此。纸媒阅读和多媒体阅读同时存在，使得阅读的策略和体验都有所改变，比如，相关阅读平台和 APP 软件让"听书"成为流行，各种便利的多媒体阅读方式让阅读可以随时随地发生。

互联网时代，速读成为一种必要的阅读能力。当下这个时代整合信息、运用信息的特征非常鲜明，速读能力就变得尤为重要。任何一种有效的阅读都要经历一些必要的过程——提取信息、形成解释、直接推论、反思评价，速读也一定要经历这样的信息处理过程。如何速读？速读先要锁定关键词，虽然每个人提取的关键词都不一样，但所有阅读都是图像化的过程，所有文字如果不能还原成图像，那么就不可能发生真正的阅读。"油漆式"速读可遵循以下方式：一是潜意识记忆，即快速翻阅一本书，将每页最先跳入你眼中的关键词写下来，最后串联关键词；二是眼球运动，即保持头部不动，按照上下波动形、星形、环形等方向转动眼球；三是阶段巩固记忆，即从感官瞬间记忆，再到图像记忆，再到重复阅读，最后转化为长期记忆。"油漆式"速读强调的是速度和重复，二者都很重要。

在"互联网+"时代，教育已经从一个群体化时代走向个体化时代，但已有的教育水平和方式显然已不能适应新的形势。正因为这样，"互联网+"将大有可为，新技术下的个性化教育也将越来越成为家长和社会的需要。而真正的"互联网+"阅读不仅能为读者提供开放的阅读平台，还能促进读者行为和思维的改变。

✎ 【阅读观点】

　　"油漆式"速读可遵循以下方式：一是潜意识记忆，即快速翻阅一本书，将每页最先跳入你眼中的关键词写下来，最后串联关键词；二是眼球运动，即保持头部不动，按照上下波动形、星形、环形等方向转动眼球；三是阶段巩固记忆，即从感官瞬间记忆，再到图像记忆，再到重复阅读，最后转化为长期记忆。"油漆式"速读强调的是速度和重复，二者都很重要。

自媒体时代的阅读自觉

在自媒体时代，拥有网络终端就可以进行阅读，方便快捷，这是以往任何一个时代都无法比拟的。而阅读的目的，也已经由获取信息变成处理信息。如果说非网络时代的阅读以记忆分析信息为主的话，当今的阅读则以分析处理信息为主。以往的时代，用信息思考，可以引经据典，从经典中获取意义。所谓书到用时方恨少，就隐含着对信息的拥有之意。而当今时代，是用头脑来思考，要把所获得的信息尽快进行分类整合，使之变成更有用的信息。因此，过去时代的阅读者更像一个"移动硬盘"，要记忆大量信息。而这个时代的阅读者更像一个"中央处理器"，要把海量的信息进行分析处理，得出结论。

海量的信息充斥互联网，对小学生而言，自己进行终端阅读显然是力不从心的。便捷的背后，是无穷无尽的分支，一个小时的阅读，可能从一个起点开始，但是终点却不能确定是在哪里。所以，这个时代的小学生非常需要培养阅读能力。怎样才能居敬持志、虚心涵泳、切己体察，对他们而言也是巨大的挑战。

人类的发展史已经决定了即使所谓的"网络原住民"也没有进化出适合网络阅读的大脑。在人类进化的长河中，语言开始前，获取和交流信息主要靠眼睛、耳朵；自有语言开始，主要靠耳朵和嘴巴；自有文字以来，才靠嘴巴和手。从听、看，到听、说，再到听、说、读、写，这是学习的基本发展过程。就历史长河而言，有文字的历史确实少得可怜，所以，现在人类的大脑还没有进化出专门进行文字处理的区域，对网络信息的处理区域就更谈不上了。

一个落后的大脑结构，一个海量信息的快捷时代，如何进行匹配？作为小学语文教师，在时代的洪流中应该为何努力？应该何为？答案只有一个，那就是语文教师要成为自觉的领读者，把学生培养成自觉的阅读者。

一、阅读有策略

知道在什么情境下使用什么样的方式方法，是为策略。阅读有纸媒阅读、多媒体阅读、课本阅读、整本书阅读、体验阅读、实践阅读……阅读是思考的过程，阅读的深入就是思维的深入。

阅读讨论，应从内容分析走向策略获取。如读《风娃娃》这篇课文，很多教师喜欢顺着课文的脉络，一步步展开，最后得出结论：风娃娃是错的。这样的阅读过程是信息获取标星而不是信息处理标星。如果教师提出问题：风娃娃前面做的事得到人们的赞扬，后边做的事却令人讨厌，为什么同样的做法结果却相反呢？这是一个需要整合的问题，需要学生对课文中已有的信息进行分析处理，认识到具体情况具体分析，不能用老思想解决新问题。这样的阅读过程，学生的思维参与了，进行了信息的处理。小学语文教科书的内容基本都是适合小学生阅读的，对于文章中的表面信息，学生读几遍就可以了解到。而教师要做的，是教会他们进行整合处理。

阅读整本书时，由于篇幅更长，情境更真实，信息量也更大。但只要是学生能够读得懂，就证明学生能获取书中的基本信息。教师要教给学生的就是如何思考。如读《一百条裙子》，学生能够知道旺达说的一百条裙子是画在纸上的，不是现实中的裙子。但是学生并不明白为什么旺达没有明确地告诉同学。针对这本书的特点，我确定了"如何理解"的讨论方向。旺达和同学一直在进行关于一百条裙子的对话，但是，她们的"已知"是不一样的，于是我让学生找出书中的细节部分进行讨论。通过讨论，学生发现，即使是说同一个事物，每个人的理解也是不一样的。所以，讨论这本书的意义就从对几个女孩子好坏的价值判断，变成了人与人之间应该如何交往，应该如何去表达、如何去理解。学生对这本书的理解也加深了。

如通过《浪漫鼠德佩罗》教学生"多角度阅读和思考"；通过《风之王》教学生"如何欣赏传奇小说"；通过《神秘的公寓》带领学生"探究悬疑小说的魔力"；通过《海蒂的天空》教学生"快速阅读——怎样把厚书读薄"；通过《橡树上的逃亡》教学生"怎样走进人物的心灵世界"……在学生阅读的基础上对学生进行阅读策略指导，就把学生从信息世界带到了结构世界。学生通过阅读不仅获取了信息，而且学会了如何把信息结构化。

举例来说，信息阅读，就像送给学生一些书，而这些书怎样摆放学生是不知道的。信息越多，学生的大脑空间就越混乱。策略阅读就是送给学生书橱，让学生知道如何摆放自己的书。策略阅读让思维结构化，能够对信息进行分类处理，在阅读的同时发展思维。

二、阅读无界限

阅读材料，肯定是要经过挑选的。而现代教育对学生的过度保护已经成了一个大问题，因为过度保护，学生无法养成自我识别的能力。当学生失去了对读物的选择权，就失去了一半的阅读动力。所以，语文教师不必把读物等同于让人顶礼膜拜的经典。

阅读时空肯定是不受限的。我们读书的时代，是一个听广播的时代，相信很多人的阅读是从听评书连播开始的。现在"听读"已经成为新的阅读形式，"互联网＋"音频阅读变得更容易，各种阅读APP如雨后春笋。所以，向学生推荐可以听的书，也是不错的方式。很多APP是校外人士在做，语文教师应该自觉加入到这个行列中来，让阅读变得更专业。

这个时代，课外阅读已经不是指课堂以外的阅读，而应该是课本以外的阅读。语文教师要自觉成为阅读教师，把阅读作为自己的重要工作。语文教师要坚定地培养学生的阅读自觉，让阅读成为学生自觉的行为，也把阅读变成学生自觉的能力。

✏️【阅读观点】

过去时代的阅读者更像一个"移动硬盘"，要记忆大量信息。而这个时代的阅读者更像一个"中央处理器"，要把海量的信息进行分析处理，得出结论。

当学生失去了对读物的选择权，就失去了一半的阅读动力。所以，语文教师不必把读物等同于让人顶礼膜拜的经典。

这个时代，课外阅读已经不是指课堂以外的阅读，而应该是课本以外的阅读。

✐【阅读思考】

1.文化与阅读有什么关系？有些人不认字也可以算作有文化，那为什么还要进行文字阅读呢？

2.了解中国古人的读书生活，对现代儿童阅读有什么作用？

3.数字时代，一个儿童为什么不能放弃纸质阅读？

✐【阅读行动】

随着时代的变迁，人们的阅读方式也在变化，你能列出一个你所经历的时代和现在这个时代关于阅读的对比表吗？

时　代	读什么	什么时间读	家长是否帮助	老师是否帮助
"我"				
孩子				

第二章　儿童阅读的意义建构

文学带给人的是希望

阅读首先要获得意义，然后才能获取益处，而这个益处也并非一定马上有用。

近年来，国外的儿童文学作品大量涌入国内，很多作品把大人和孩子感动得一塌糊涂，而中国的儿童文学作品却静悄悄地躺在角落里，无论是阅读推广人还是小学语文教师，都很少去理睬。

很多人认为，中国原创儿童文学已经落后于国外，主要不是在速度和水平方面，而是指思想和质量。外国的儿童文学作品可以烛照心灵，而我们的儿童文学作品太急于给孩子说明一个道理，不具备丰富的意义。这是大家对本土化创作期待之后的失落。

我和台湾的李玉贵老师探讨过儿童文学作品的本土化问题。东方式思维和西方式思维都是这个多元世界的重要组成部分，没有优劣之分，国外文学作品中特有的文化观念，对于我们的孩子来说不是很好理解。而本土作家的作品使用的是母语，思维和语言、语言和文化的关系在这些作品里已经是"盐在汤中"，孩子阅读这样的作品，思维方式是相通的，文化对接也没有问题。

所以，中国的孩子应该多阅读本土作品，这样我们的思维方式和行为方式才能和谐统一并延续下去。

不同时期、不同作家、不同类型的作品就像一个巨大的儿童文学作品库，为儿童提供了多种阅读的可能，也为语文教师提供了多种教学的可能。这种组合方式就像开了一副中药的药方，这个药方能够调养身体，传递文化的密码，给予儿童生长的力量。药方中每一味药的颜色和性状都是不同的，各自都有各自的功效，组合在一起更有益于发挥功效。

如果是一位普通的语文教师，就循着编者的思路，一个个作品读下去，引导学生进行讨论；如果是一位高明的语文教师，就可以把这些作品进行调整，根据需要组合材料。教师可以把其中某篇作品作为课内阅读的延展，也可以带领学生进行整本书阅读。

需要提醒大家的是，教师不能把文学作品教成纪实的文字，也不能因为年代的问题而厚此薄彼。另外，每部作品都会有时代的烙印，怎么处理呢？"少不读水浒，老不读三国"曾是国人的思维方式，其实我们更应该探讨的是这些书的文学意义，如诗歌、小说、散文的意义，而非时代之下的思想特点。

文学能够带给人的是希望，我们不能因为文学的希望而忘记现实的苦痛，也不能因为现实的苦痛而否定文学带来的光明。

✎ 【阅读观点】

本土作家的作品使用的是母语，思维和语言、语言和文化的关系在这些作品里已经是"盐在汤中"，孩子阅读这样的作品，思维方式是相通的，文化对接也没有问题。

中国童话的中国味道

童年的高度决定人生的高度。

童话，可以为心灵增加营养；童话，可以为思想插上翅膀；童话，可以为人生指引方向；童话，可以让一个人具有悲天悯人的力量。

一、中国童话，具有中国力量

中国力量，就是以善良为底色的勇敢与坚强。

中国童话蕴含着中国几千年文化的思想精髓，是中国人思考方式和生存方式的情景再现。

1. 作者的力量

每一篇童话都是作者倾尽心力写成的。这些故事或来自生活，或是作者的想象，或是作者的美好愿望……故事背后寄托着作者的思想、情感与希望，读这些故事可以感受到作者带给我们的力量。

《怪老头儿》的作者、著名童话作家孙幼军被誉为"一代童话大师"，中国首位安徒生奖提名者。他一生酷爱读书，曾经因为搬家而含泪卖书。有一次，他爱人让他拿 20 元钱去买衣服，结果他买了一本《辞海》回来。在当时，20 元钱相当于半个月的工资。他去世以后，按照他的遗愿没有举行追悼会，只有亲友参加了告别仪式。孙幼军先生喜欢孩子，喜欢给孩子们写故事，他最大的愿望就是给孩子们写童话，他的一生都奉献给了他钟爱的童话写作。

孙幼军先生是中国读书人的典型代表，他把自己的人生理想和社会生活经验紧密结合在一起，把对美好社会的愿望寄托在孩子身上，通过创作的童话作品来感染孩子、激励孩子。

2. 作品的力量

孙幼军先生写过一本《小猪唏哩呼噜》，故事里有一头叫唏哩呼噜的善良小猪。它总是乐呵呵的，它不在乎别人对它的态度，做着它认为应该做的事情。

孙幼军先生通过这个形象向读者传递了一种人生态度，一种价值观念——善良是一种人生境界，不断被骗却能够一直坚守善良，依然坚守自己的人生准则，这就是一种崇高的人生境界。

"只要人人都献出一点爱，世界将变成美好的人间。"坚守美好，坚守善良，用我们富有爱心的举动帮助有困难的人，感染周围的人，这是作家在传递的中国力量。

二、中国童话，具有中国气象

中国气象，就是以美好为底色的追求与梦想。

中国童话，用最美的画面滋养童心，用诗一般的语言涵养诗心，用谜一样的哲思培养爱心。

1. 画一样的美感

童话给人丰富的想象，这些想象可以把书中的文字还原成画面。如金波先生的《白马黑马》，这本书的目录就像一幅多彩的画："白云找到一个家""白鹅走进绿草地""黑痣小甲虫""三束红玫瑰""白马黑马""丑丑走出红房子""白丁香·紫丁香""穿红背心的小青蛙""蓝蝴蝶""红气球""豆瓣绿""踢拖踢拖小红鞋""小松鼠和红树叶""板凳狗和他的一朵小黄花""金黄的树叶"……

看看，其中包含了多少种颜色啊！每一篇都是一幅画，这本书简直就是一幅展开的画卷。

童话的美，也蕴含在故事中，表现在童话人物的行为上，让人不知不觉感受到人性之美。奉献自己的一切，为他人着想，这是中国人最优秀的品质。如《白马黑马》中的小黑马，它为了保护羊群，跑了一夜，发现野狼后，勇敢地把野狼踩死，保证了羊群的安全。

童话虽然是在写故事，但其中也有很多场景描写，包括对话场景、行动场景和景色描写。好的故事放在好的背景之中，让我们通过这些场景描写看到了一个个和谐的画面。如张秋生《小巴掌童话》中的《锯成两半儿的月亮》。

小青蛙蹲在荷叶上，他在数着池塘里的星星，一颗、两颗、三颗，数着数着，他打起了瞌睡。

当他睁开眼睛时，突然发现，池塘里的圆月亮被谁锯成两半儿了，小青蛙惊慌地叫起来："月亮被锯成两半儿了，月亮被锯成两半儿了！"

池塘里的鱼儿和树上的小鸟们听了，吓一跳，都探出脑袋瞧一瞧，说："咦，月亮不是好好的吗？"

小青蛙再抬头一瞧，圆圆的月亮像个银盘一样，好好的，他难为情了，说："我大概在做梦！"

过了一会儿，他突然发现月亮又被锯成两半儿了。

这次，他不再高声叫唤，而是仔细地再看一看。

小青蛙终于看清了，是大雁排成一个"一"字，正从圆月亮中间飞过，圆月亮好像被锯成了两半儿。

小青蛙不再惊慌，他大声地笑了。他说："我知道月亮是被谁锯成两半儿了……"

2. 诗一样的语言

童话有着独特的写作方式，语句简短，错行排列，看起来就像一行行的诗篇。通过这样的写作和编排，小读者能够感受到中国语言的魅力——错落有致，音韵和谐。如《白云找到一个家》开头这段像诗一样的话。

一朵白云飘呀飘，这里逛逛，那里逛逛。它很累了，想找一个永远的家住下来。

它找到一棵白杨树，白杨树高高的，叶子绿绿的。白云刚想挂在树梢上，就飞来一只花喜鹊。

花喜鹊说："啊，白云，你真像一团棉花，给我絮窝吧！"

说着，就飞过来，想把白云叼走。

白云很害怕，吓得飘走了。

它飘过一座高高的山，山上鸟语花香，空气清新。

……

简洁的表达、丰富的画面、和谐的语言与优美的童话意境融合在一起，给人美的享受。

3. 谜一样的哲思

童话故事都在讲述作者心中美好的愿望，他们希望阅读这些童话的小读者能够和故事中的人物一起经历考验，一起面对困难，他们希望小读者通过读别人的故事，思考自己的人生。看似简短的童话中常常包含着很多哲学的思考。

如何看待自己？如何看待他人？如何与自然相处？如何与他人相处？阅读童话，你可以找到答案。《白马黑马》中的小黑马，因为长得和妈妈不一样，遭受了很多质疑，它自己也不停地问自己。最终它用自己的行动证明了存在的价值。很多小朋友在成长过程中，也会遇到类似的问题。阅读这篇童话时，他们会随着小黑马一起经历这样的心理过程，会对自己的人生产生很多思考。在这个过程中，他们会逐渐认同自己，知道每个人都是特别的，好与不好不由外貌决定，而是要用自己的行动来证明。

三、中国童话，需要中国读法

中国读法，就是以认同为底色的思辨与主张。

读书不是为了考试，也不只是为了学习知识，而是要让生活更有滋味，让人生更有意义。童年能够阅读好的童话，就好像思想的航船望见了高高的灯塔，行动的列车装上了精准的导航。

1. 童话阅读需要一颗童心

"童话都是骗人的。"这是成人世界的一句玩笑话，但这句话已经影响到了孩子。

童年需要童话。因为童话能够带领儿童克服困难，看到美好的前景。儿童的内心是一步步强大的，就像航天员的本领是在模拟舱里一步步练成的，有朝一日飞上太空，才开始真实的航天员生活。童话，就是儿童成长的"模拟舱"。通过在"模拟舱"中的不断磨炼，儿童才会变得智慧与坚强，童话中的故事和人物将是支撑他一生成长的哲学力量。

大人应该和儿童一起，用童心去阅读，尊重孩子"很傻，很天真"的想法。每当想起我儿子小时候看到动画片《雪孩子》中的雪孩子融化了，号啕大哭，而我还在莫名其妙笑的时候，我的后背就会出冷汗。我至今记得他当时的眼神，是对我深深的不信任，他不理解我为什么笑，就像我不理解他为什么哭得那么悲惨一样。如果一切可以重来，我会等他哭完告诉他，雪孩子真的没有了，但是它曾经给他人带来快乐，这就是它短暂存在的意义。

真正地懂儿童，真正地懂童话，是成人必须补的一课。但是，无论如何，我们都应该以儿童的视角去阅读童话。

《山海经》这本书，许多成人已经看不懂了，但儿童能看懂。我在书店曾看到有位作者把《山海经》解读成外星人来到地球的"实证"，这也是一家之言。《山海经》是我们的祖先代代相传留下来的"神话"，相信在没有成书以前，就已经在口耳相传。我们读不懂，是因为我们已经不具有童年的思维能力。让儿童去读《山海经》，在那里与我们的先民相遇，才能看到我们的文化基因，从而种下民族思维的种子。

2. 童话阅读需要一颗诗心

有时候，语言就是世界。语言不同的人，不能深入交流。没有足够的语言能力，不足以认识和表达自己的世界，也不会认识和了解外在的世界。

我们经常会发现，3岁左右的孩子忽然很能讲话，并且是大人没有直接教过的。他们还会经常问"为什么"，很多孩子都经历过"十万个为什么"的阶段。这时儿童开始关注外部世界，通过从外部学到的语言来发问，这是儿童内外世界统一的过程。此时，如果大人处理不好，很多儿童的世界就不再扩张，主要原因就在于儿童的语言世界受到了限制。

想要孩子的两个世界均衡发展，就要让孩子阅读优秀的童话。作者诗一般的语言，不管是对场景的描写，还是对故事的讲述，都能带给孩子诗一样的书面语言。孩子在阅读优美童话的过程中，语言也会随之发展。

《诗经》是我国第一部诗歌总集，反映了西周初年至春秋中叶约500年的社会面貌。《风》是周代各地的歌谣，我相信这些歌谣在用文字记录以前一定传唱了多年。这些歌谣一是反映了当时的社会现实；二是反映了当时人们的思维方式；三是反映了当时人们的语言表达方式。孔子就曾经对他的儿子孔鲤说过"不学《诗》，无以言"。此中的"言"就是思维方式和表达方式的统一。因此，作为中国的儿童应该读《诗经》中可以读懂的部分，学习中国式的思维与表达。

3. 童话阅读需要一颗爱心

童话能给人力量，是因为童话中充满阳光。童话中的每个人物都很单纯，坏人就是单纯的坏人，能够一眼看出他是坏人；好人就是单纯的好人，能够一眼看出他是好人。就连事件都很单纯，单纯到孩子们一读就能辨别出来。孩子们会大笑，也会为人物的单纯而担心。而这单纯之所以被儿童理解并认同，是因为他们自己也是单纯的。阅读童话需要有爱心，用爱心去理解书中的"好人""坏人"。这些人的单纯，已经能够让儿童知道，太单纯是容易上当的，太单纯也是做不成"坏事"的。这些能够让他们综合地思考和看待问题，他们的思维会在认同的基础上有所改变。

童话对思维的作用是一辈子的。爱心是一种思维方式和行为方式，是认同他人、关心他人、帮助他人的心理学基础。没有爱心的人，是看不到他人的。儿童在适当的年龄阅读童话，他们"万物有灵"的思维慢慢会转化成"推己及人"的同理心，会从他人的角度思考问题，然后，在合适的时候为他人提供帮助。

阅读童话，一定会给孩子们的童年留下更多记忆，留下更多文化印记。阅读中国童话，小读者的言谈举止流露出的将会是浓浓的中国味道。

这是坚强与勇敢、追求与梦想、思辨与主张混合的思与行的中国味道。

✎【阅读观点】

童话，可以为心灵增加营养；童话，可以为思想插上翅膀；童话，可以为人生指引方向；童话，可以让一个人具有悲天悯人的力量。

中国童话，用最美的画面滋养童心，用诗一般的语言涵养诗心，用谜一样的哲思培养爱心。

童年能够阅读好的童话，就好像思想的航船望见了高高的灯塔，行动的列车装上了精准的导航。

童话，就是儿童成长的"模拟舱"。通过在"模拟舱"中的不断磨炼，儿童才会变得智慧与坚强，童话中的故事和人物将是支撑他一生成长的哲学力量。

爱心是一种思维方式和行为方式，是认同他人、关心他人、帮助他人的心理学基础。没有爱心的人，是看不到他人的。

儿童阅读的断裂与超越

儿童阅读在中国大陆"流行"起来，有 20 多年的时间了。在这个发展期内，有令人欣喜的改变，也有不可回避的问题。认真审视当下的儿童阅读现状，会发现大人的一厢情愿和儿童阅读存在着多个断裂带。

一、图书出版与阅读期待的断裂

出版社都或多或少涉足儿童阅读。目前儿童图书出版有以下几个比较大的销量点。

一是"童话""神话""名著""百科"系列。这些书已经过了版权期，出版社争相改头换面做"一本万利"的生意。靠这些图书支撑门面，有的做得精美，有的进行改编，如加入导读、作出删减等。

二是引进大量外国原版图书。出版社需要到世界图书博览会上去"猎奇"，然后引进版权，找人翻译。于是，这些书的质量和出版社眼光及译者的水平有很大关系。有些图书看过之后有不知所云的感觉，也就不足为奇了。

三是大量的教辅图书。到任何一家书店，都会看到或大或小的教辅图书专卖区。有的书店甚至三分之二以上的面积都在"摊放"教辅图书，而其他书只能规规矩矩躲在书架上。

四是多次重复出版同一作家同一作品。在图书市场上不难看到这样的情形，一个作者的同一本书竟然被多家出版社出版。出版社要保证基本的生存，无可厚非，但如果不惜一切代价地获取版权，把出版界的"业界良心"和利益紧密结合起来则不可取。

出版社应该用好的图书引领市场，而不是跟着市场跑。中国原创图书远远跟不上儿童阅读的发展，挖掘、培养、激励原创作者，策划出版真正贴近儿童的书，是出版社的应有责任。

二、亲子阅读与儿童需求的断裂

"亲子阅读"曾经很神秘，让无数家长趋之若鹜。致力于亲子阅读推广的机构和个人有很多，很多家长都在补课，补儿童阅读这一课。在亲子阅读活动中，发现更多的是家长的身影，家长怀着迫切的心情，希望通过几本书改变孩子。只有孩子是最冷静的，好看的书他就投入地读，不好看的就放一边。

图画书一度热得发烫，致使很多教师和家长认为，儿童阅读就是图画书阅读，有图有话，就是适合孩子的。这种认识曾经影响了很多人。经典的图画书确实能够打动读者的心灵，影响其一生。但是，回头想想，看了几百本图画书，曾经触动心灵的究竟有几本呢？一本图书就像一个人，人一辈子会遇到很多人，但是，能够对自己产生深远影响的也就那么几个。

图画书那么多，怎么可能一一读过？阅读的过程是思考的过程。人的精神成长不是一本书就能完成的，精神成长是一种"共鸣效应"，需要找到与书的切合点，而这只有儿童自己能够做到。

亲子阅读更多的是让孩子阅读，让孩子选择，让孩子成为阅读中的主角。家长的作用就是陪伴。家长过多地参与就会变成干预，过多地讲解就会变成说教，过多地"迷信"就会造成孩子的迷失。

三、读书指导与阅读能力的断裂

大多数学校还没有把儿童阅读引进学校课程之中，只依靠课本的阅读和似有似无的课外阅读是远远不够的。左手是"教辅"，右手是"图书"，校长怎么选择？家长怎么选择？校长和家长的选择关系到教师和孩子的选择。让孩子陷进教科书，陷进教辅读物，我个人认为是一个民族巨大的悲哀，这个悲哀和高考无关。

我们推行的班级读书会无疑推动了儿童阅读。现在班级读书会的发展已经经过了讨论人物、故事情节的阶段，进入到掌握阅读策略的层面，让学生通过一本书的阅读掌握某项阅读策略，如推断、预测等。下一步，应该是培养学生的阅读能力，让图书成为一种学习材料，发展学生的阅读能力才是核心目标。

开展班级读书会一段时间后，师生又产生了困惑。文学类作品是否只能讨论情节、人物性格和精神品质？科学类、人文类的作品引进课堂以后，该由哪个学科的教师教？我所在的清华大学附属小学商务中心区实验小学国贸 CBD 分校整合各学科阅读，构建了以 100 本必读书为体系的阅读课程。希望学生既能享受博览群书的乐趣，又能发展阅读能力。

四、阅读方式与儿童发展的断裂

现在的孩子真幸福，很多人都会这样感叹。孩子们真的很幸福吗？过多的物质满足让很多孩子缺少了期待，不知道满足是一种什么感受；过多的图书让孩子们眼花缭乱，不知道该如何选择。最大的问题是，这个时代在让孩子"特立独行"的时候，却让孩子失去了自己的思考方式。当孩子还没有养成纸媒阅读的习惯的时候，电子阅读（依赖手机、电脑的阅读）已经成为孩子的家常便饭。纷繁复杂的资讯、花样繁多的游戏，让很多孩子很难静下心来读书。孩子对这个世界了解得越来越多，对自己人生的思考却越来越少。很多孩子缺少向内观察的习惯，没有内省的能力。

有人说多媒体阅读已经势不可当，这就像20世纪80年代，很多人言之凿凿"汉语拼音化势不可当"一样。也有人说纸媒阅读永远不会退出历史舞台，但是，竹简木牍确实已经躺在博物馆里很多年了。为什么一定是"纸媒"呢？我个人认为，文字不会消亡，阅读就不会停止。一种阅读方式肯定是单一的，多样化的阅读是必然的选择。

关键是，阅读方式是怎样的？如果只是漫无目的地阅读大量资讯，跟着网络链接跑，那这种阅读肯定是无益的，不单是注意力不能集中，更是不能促进深入的思考。儿童处在发展的关键期，需要培养想象力，尤其需要培养把文字图像化的想象力，把文字描绘的事物想象出来是一种很重要的能力，也是开发大脑的一种方式。

儿童要想有长久而健康的发展，首先要有一个健全的大脑，也就是要具备基本的思考能力和价值判断能力。这个时期，儿童需要纸媒阅读，需要读书，需要建立形象，需要产生阅读期待。有很多人有这样的感受，看电视的时候感觉比较放松。有学者做过研究，认为看电视的时候，人的大脑的多数部分都在休息，只有接受颜色和声音的部分在工作。也有国外学者提出，12岁以前从不看电视的孩子的发展会比看电视的好得多。这两项研究的权威性我们无法判断，我是这样理解的：读书的时候大脑是在思考的，会把文字还原成画面；看电视的时候，人的情绪随剧情波动，大脑来不及思考。在儿童发展的重要阶段，需要用思考完善和改善他们的大脑，所以，需要有健康而有效的阅读方式。

现在尽管儿童阅读的市场相对繁荣，对儿童阅读的重视程度也相对增强，但是，仍有很多关于儿童阅读的重要命题需要出版人、教育人共同研究。以儿童的健康发展为己任，才能真正推动儿童阅读的健康发展，才能为全民族的儿童规划出更加美好的明天。

亲子阅读更多的是让孩子阅读，让孩子选择，让孩子成为阅读中的主角。家长的作用就是陪伴。家长过多地参与就会变成干预，过多地讲解就会变成说教，过多地"迷信"就会造成孩子的迷失。

纷繁复杂的资讯、花样繁多的游戏，让很多孩子很难静下心来读书。孩子对这个世界了解得越来越多，对自己人生的思考却越来越少。很多孩子缺少向内观察的习惯，没有内省的能力。

儿童要想有长久而健康的发展，首先要有一个健全的大脑，也就是要具备基本的思考能力和价值判断能力。这个时期，儿童需要纸媒阅读，需要读书，需要建立形象，需要产生阅读期待。

当"国学"遇上"儿童文学"

跟朋友聊天，聊到阅读，忽然发现在小学阶段有个现象：一批重视传统文化的人，在大力推广国学；一批重视儿童文学的人，在大力推广儿童文学。不同的人重视阅读的方向是不一样的，所以强调的阅读内容也就不同。在小学，当国学遇上儿童文学，很难做到两者兼顾，要么只推广国学，要么只推广儿童文学，总认为自己推广的才能"救"儿童。

大多数人认为"中庸"和"融合"是最不容易被质疑的，所以，当我们在讨论的时候，会尽力周密、完整。但是在实践的时候，往往是执其一端，难以跳出思维的怪圈。

一、经典吟诵浪潮叠起

自推广吟诵以来，各地掀起了吟诵浪潮。把吟诵作为学生的表演项目，在很多学校已经是事实。

就吟诵的内容而言，比较广泛，有古诗词，有短小的文言文，有"高大上"的经典选读。无论是什么内容，推广者都认为他们是在弘扬传统文化，传播经典。有些语文教师并不知道《三字经》《弟子规》是古代蒙学的教材，虽然里面也有文化的意味，但主要是用来识字的，也就是当时的识字教材。真正的经典，浅显一些的是《大学》《中庸》《论语》《孟子》，深奥一些的是《诗经》《尚书》《礼记》《乐经》《易经》《春秋》。能够称为国学经典的书应该是"经史子集"，而在小学能读的，还是不多的，尤其是整部的书。

就吟诵的腔调而言，如果真的按照古腔古韵吟诵，显然是很难的，因为大多数人并不真正了解过去究竟怎样吟诵。即使是研究吟诵的学者，对某些吟诵调也只是推测。中国有那么多方言，相信，当年的私塾先生们教吟诵的时候，必定是南腔北调的。孔子离周代那么近，"韶乐"失传，并且不可再现了。很多语文教师能抓住的只有"平长仄短，依字行腔"的规律，学生也就按照教师教给的方法学习吟诵。

就吟诵的气势而言，人数可多可少，学生穿上传统服饰，比较壮观，容易受到感染。对教师和学校而言，容易操作，能够形成特色。这也是学校选取吟诵作为特色的原因之一。

国学推广人的价值观是，现在记住了，将来用的时候，一是能够拿出来，二是能够再次消化吸收。

语文教师把吟诵作为弘扬国学的重要手段，甚至认为吟诵就是国学，显然有认识上的局限性。在商务印书馆出版的《现代汉语词典（第7版）》中，有对"国学"一词的解释："称我国传统的学术文化，包括哲学、历史学、考古学、文学、语言文字学等。"可见，国学包括的范围是很广的，文学只是其中的冰山一角。国学范围内的很多经典是小学生，尤其是低年级小学生不容易接受的。

我认为，古诗词是国学中非常重要的部分，诗词的篇幅短小，语言押韵或对仗，易读易背，而且意境深远。语文教师和学生一起多读、多背、多领悟、多应用，把诗词的意义、语言的魅力深深印入小学生的内心，化为他们的思维符号，是很切合实际的做法。如《诗经》是我国的第一部诗歌总集，《诗经》的语言代表了中华民族童年时代的语言方式和思维方式，其中有着语言和思维发展的规律。具体到一个人的童年时代，应该有与其相契合的精神和语言形式。

二、图画书备受宠爱

现阶段，图画书成了大众心目中儿童文学的代表和代言，除了专门的研究者和资深阅读推广人，很多人把图画书当作儿童文学的全部。于是，图画书教学一度成为热点，并且有长盛不衰之势。一批人的热情消退以后，总会有新的教师和家长跟上来。

就内容而言，好的图画书，故事相对完整，情节简单，哲理深刻，容易引起读者的感悟和思考。如《活了100万次的猫》《点》。

就形式而言，图画书教学比较自由，教师拿一本书或者准备一个课件就足够了。教学时，可以随时停下来，或猜测故事的情节，或就书中意义进行讨论，或让学生结合图画内容进行创编。

就氛围而言，图画书的内容丰富而深刻，以学生易于接受的形式出现，容易引起学生共鸣，也更容易打动听众。

儿童文学推广人的价值观是，儿童文学作品无论是语言还是意义都是贴近儿童的，能让儿童看得懂，能对儿童的内心产生作用，将来会影响他们的一生。

图画书良莠不齐，这是毋庸置疑的，即使是引进的版本也不例外。很多教师认为，图画书是因为有图画，所以适合小学生阅读。对幼儿园和低年级的孩子而言，他们对图画语言的理解能力确实很强，能够依靠观察图画，获取大部分信息，进而建构意义。但是，对小学中、高年级的孩子而言，就不一定是这样的了。我们曾经作过这样的尝试，让小学中、高年级的孩子阅读大量英文原版的图画书。因为英语是第二语言，在选取图画书的时候，我们降低难度，把国外幼儿园和低年级的图画书拿来让学生读，结果很多学生没有兴趣。语言符合他们的水平，但是，思维难度降低了，导致学生对内容不感兴趣。最终，这项尝试不成功。可见，阅读内容的选择要基本符合学生发展的规律。

儿童文学是指专为少年儿童创作的文学作品。体裁有儿歌、儿童诗、童话、寓言、儿童故事、儿童小说、儿童散文、儿童曲艺、儿童戏剧、儿童影视和儿童科学文艺等。从儿童文学的概念可以看出，儿童文学包括的领域非常广，图画书只是儿童文学的一种表达方式。

儿童文学的阅读在小学应该有一个序列，低年级学生以儿歌、童谣、儿童诗、童话为主；中年级学生以寓言、儿童故事为主；高年级学生以儿童小说、儿童散文、儿童戏剧为主。文学阅读并非阅读的全部，科学文艺、人文传记类的作品也应该是儿童阅读的重要组成部分。所以，儿童的阅读应该包括文学、科学、人文等几个部分。

三、儿童阅读随波逐流

我在小学教语文 22 年，一直都很重视阅读，信奉"开卷有益"。

开始是让学生自由阅读，在班级和学校开展自由阅读课，带领学生在阅览室阅读，但是基本不组织讨论，只做读书笔记。自 2005 年 8 月开始，我们把儿童文学引进语文课堂，在全校推广儿童文学阅读，在课堂上组织读书交流活动。后来，我们又开展数学阅读、英语阅读、艺术阅读、哲学阅读等。我们还倡导单元整体教学，对照着教科书单元主题推荐阅读内容，语文学科推荐的都是整本书，数学等学科除了推荐整本书，还推荐相关阅读材料，为此编写了《哇！好有趣的数学》6 本数学读本。我们编写《经典诵读》，把儿歌、童谣、古诗词、文言文等编辑起来，供学生晨读时使用。在我们学校，学生 6 年要背诵 300 首以上的古诗词，还有不同数量的儿歌、童谣和文言文。

我一直认为阅读应该是多元的，要能够促进学生思维的多样化，接受事物的多样化。阅读应该是多样的，在小学阶段，学生能够多积累一些，能够多阅读一些，能够养成阅读的习惯，能够进行阅读思考，这就是开展阅读活动的意义所在。至于是国学更易打下根基，还是儿童文学对学生的影响更大，我自己并没有真正想过，也没有在理论上做过什么研究。

我经常这样想，国学高深，就像远处的灯塔，它的光指引你在黑暗中摸索和前行，最后到达你该去的地方；儿童文学温润，就像手中的灯笼，照亮前方几米远，循着这光亮，带你走向你想去的地方。或许信奉国学的人会反驳说国学同样是温暖的，是体贴的，是能触摸人类灵魂的；信奉儿童文学的人会说儿童文学同样是高远的，是辽阔的，是可以指引人向上的。

双方各执一端，让我们看到，在小学阶段，阅读目标的缺失，阅读课程的不健全，导致了阅读内容的随意性，教师喜欢什么就让学生阅读什么，而很少考虑学生的需要。因此，构建小学阅读课程应该成为语文教师的重要职责，至少在推广阅读的时候有个序列，让国学和儿童文学能够在小学相遇，并且能够彼此促进。

✎ 【阅读观点】

儿童文学的阅读在小学应该有一个序列，低年级学生以儿歌、童谣、儿童诗、童话为主；中年级学生以寓言、儿童故事为主；高年级学生以儿童小说、儿童散文、儿童戏剧为主。

国学高深，就像远处的灯塔，它的光指引你在黑暗中摸索和前行，最后到达你该去的地方；儿童文学温润，就像手中的灯笼，照亮前方几米远，循着这光亮，带你走向你想去的地方。

1.童话是儿童阅读的必需品，因为儿童心理发展需要童话。文学的希望、童话的力量能够鼓舞儿童前行，你知道儿童为什么有这种需要吗？

2.儿童阅读因为有"儿童"二字而和成人阅读有所区别，儿童阅读需要陪伴和引领。你在家中是如何陪伴孩子阅读的？是怎样引领孩子阅读的呢？

3.国学是远处的灯塔，儿童文学是手中的灯笼，你是怎样在家庭中发挥二者作用的呢？

【阅读行动】

认识到儿童阅读对孩子发展的意义了，你想怎么和孩子一起读书？

第三章　儿童阅读的实践探索

为儿童阅读安装扶梯

  阅读是人生的阶梯，顺着这个阶梯，我们能够到达一定的高度。而阅读本身也是有阶梯的，不同的书适合不同年龄段的学生读。有些人认为，阅读是一种极端个人化的行为。作为消遣的阅读可能如此，但学校内的阅读，就不能全凭学生的个人喜好了，它需要教师的指导。目前，很多儿童阅读推广人在做推荐书目的工作，从推荐的书目来看，多数是适合儿童阅读的，不过往往因为个人经验的限制，很多推荐的书在某个年龄段并不受儿童欢迎。我所在的学校采用教师推荐与学生推荐相结合的办法，教师推荐图书前，要先结合专家推荐的书目自己阅读，能产生共鸣后再推荐给学生阅读。在班级内，则开展学生推荐图书的活动，学生可以把自己认为好的书推荐给老师和同学。

  在读物推荐过程中，儿童畅销书一直是个难题，很多畅销书投儿童之所好，因而容易流行。有时候教师也很苦恼，那些搞笑搞怪的读物在我们看来并不如正统的儿童文学读物有营养，但学生就是喜欢。而许多家长买书也比较盲目，到书店就问最近哪些儿童读物卖得好，然后就给孩子买哪些。

  就目前情形来看，大陆地区还缺少评价和推荐儿童读物的权威机构。台湾地区有人专门做儿童读物的评价和推荐工作，他们的推荐方式是先由一些工作人员对一年内出版的儿童读物进行筛选，挑出几百本，再组织相关专家一起评议。在评议前，专家要认真阅读，之后再一起讨论，共同挑出几十本，写出推荐语。这样的评价虽然难免主观，但从操作程序和评价来看，还是能够挑选出优秀的图书供儿童阅读的。

台湾出版的一套《童书三百聊书手册》，把一至六年级的阅读分为300个话题，结合具体的作品进行教学设计，对语文教师有很大的帮助。他们细致地设计出一些讨论话题引导学生阅读，低年级的讨论结合作品、联系生活，如从书里找生活的影子、从书里找自己或别人的喜好、找出书中人物特别的地方、聊一聊送礼物的想法等。中年级讨论的重点在书中的细节和从中体会到的情感，如聊故事里好笑的情节、谈一些与众不同的人、从不同的角度看书中的人物等；也可以谈论语文学习，如了解自己的阅读策略和阅读困难、谈描写声音和色彩的词语、谈两种不同的拟人法、谈描写老人的方法等，这些话题让讨论变得角度多样，使阅读活动丰富多彩。高年级则会对深层次的问题进行讨论，如比较同一个作家的不同作品、探讨一些与众不同的作品、比较自己的童年和作者的童年、谈饮食文化以及相关的词语等。这样的分级组成一个网络，意在培养学生的阅读能力和阅读习惯。在这样的网络中，学生经过训练和指导，能够切实获得丰富的精神感受和良好的阅读素养。

现在大陆出版机构也在做儿童读物的分级工作，我也参与了几次儿童读物的分级。出版机构试图通过分级对儿童阅读进行指导和定位，这样做的好处是让儿童阅读有一定的适应性，让家长和教师在选择书目时有一个适当的范围。只不过，目前对分级的标准还不够明确，仍处在摸索的阶段。对儿童读物分级，除了出版人、儿童文学作家、语文教师要参与外，还应该倾听儿童的声音，让阅读水平比较高的学生参与进来，这样对儿童读物的分级才更有针对性，也更真实。儿童读物分级不应只是区分哪本读物适合哪个年龄段的学生阅读这么简单，而应做得更加细致，让学生、家长、教师都能看到阅读的方向。

对于儿童读物的分级，家长和教师要有一个清醒的认识，即读物的分级只是推荐读物的一个大致标准，具体的阅读指导还要看儿童的实际阅读水平，读物分级以后依然是阅读的材料，是为阅读提供服务的，不能让人为的分级限制阅读的发展。

如何进行儿童分级阅读

曾看到一条新闻，让我非常惊愕，自推广儿童分级阅读后，我们的教师让家长给孩子买什么书，家长真的就给孩子买什么书，没有提出任何异议。在新闻里，记者是站在家长的立场上的，他说教师给学生推荐了 10 本暑假必读书目，其中有一本书 28 元，没有多少字。每个学生买 10 本书，就是几百元。他的提问是"谁是阅读的受益者"，隐含的意思就是教师和出版商联合起来，赚孩子的钱。这不得不说是我们教师的一种尴尬。其实，教师是无法从出版商那里拿到钱的。之所以谈这件事，只想说明，儿童阅读在中国仍然处在困境当中。家长为什么对教师有这样的质疑？家长怀疑教师的教学水准。这 10 本书必须读，而不是其他的任何一本，为什么非是这样的 10 本？这就说明，儿童阅读还处在困境之中。

下面我从四个方面谈一下我的思考和认识。第一，对儿童分级阅读的理解；第二，学校如何给儿童阅读留出空间；第三，如何运用分级阅读的理念；第四，对儿童分级阅读的一些思考。

一、对儿童分级阅读的理解

首先，阅读的过程是吸收知识、产生思考、自我感受的过程，阅读的本质是思维。基于此，儿童分级阅读的主旨应该是在适合的阶段、在儿童需要的时候，读到应该读的书。

其次，儿童分级阅读的终极目标应该是培养儿童的阅读习惯。很多书学生都非常喜欢，如漫画系列，他们看过以后，全部能记下来。那我们是不是就任由学生没有选择地按照自己的兴趣来阅读呢？我们作为教育者，面临儿童阅读的困境，应该做些什么？我认为是培养，是引领。这也是儿童分级阅读的任务。一个人文化水平的高低与思想的深刻与否，不在于读了多少本书，而在于读了多少有质量的书，这是非常重要的。教师引导学生阅读，就是要培养学生阅读的审美能力和鉴别能力。习惯是可以培养的，我曾跟家长和教师做过一个比喻，家长、教师都是运载火箭，孩子是卫星，我们一级一级地推动，把孩子推到预定的轨道，让他在自己的轨道里面运转，这是我们的职责。我们的推动和引领能把孩子推到什么样的高度，是我们教育者要思考的。

再次，分级阅读的主要任务不是把读物分成某些人该读哪些，某些人不该读哪些，而是要分级指导，对不同年龄段的孩子进行不同的指导。分级阅读的目标是什么？首先是培养孩子阅读的兴趣，但是对学校而言，培养学生阅读的兴趣不是唯一的目的，提升学生的阅读能力，提高学生的欣赏品位同样是我们开展儿童分级阅读所要达成的目标。

二、学校如何给儿童阅读留出空间

我们学校的语文课包括教科书、读整本书、实践活动三个版块。我们将单元作为一个整体，用小学课程三分之一的时间进行教科书教学，三分之一的时间来读整本书，三分之一的时间来开展实践活动。

如何为读整本书留出空间呢？首先，在时间上，我们每周安排两节自由阅读课，让学生在阅览室里自由阅读，已经进行 7 年了。我们的学生都是寄宿的，每天吃完午饭后，学生有 20 分钟的读书时间。其次，在数量方面，学校准备了 50 多种图书，每一种 40 本，放在阅览室里供学生借阅，以便班级进行"同读一本书"活动。这是我们在时间和物质上对开展整本书阅读所做的准备。

我们改革了评价体系。一是评价班级读书会。班级一个学期进行了几次读整本书活动？真正读完并开了读书会的有几本？年级不同，要求也不同。二是改革考试，把考试变成考字词句的试卷，考阅读的单独试卷，还有实践的测试。对阅读的考试，我们借鉴了三种国际阅读测试里面的方法。国际阅读能力测试是分级的，分为几个层次的能力。我们在学语文的时候，大多数都停留在复述的阶段，对伸展、评鉴、创意的能力培养非常少。同样的阅读理解，我们让学生在文章里面找出证据，发表自己的观点，让学生将阅读与生活连线，这样的阅读才有深度。学生不是不爱阅读，而是没有深度。常规考试中出的阅读题，常常让考生找这个词的近义词、反义词，让考生根据前后文的联系解释某词，这些都是零散的、细枝末节的知识。不改变阅读的评价方式，教师就无法进行真正的阅读指导。

三、如何运用分级阅读的理念

一是在物质上，我们对照人教版教科书，从第一册到第十二册有96个单元，针对每个单元主题我们给学生推荐一本书阅读。我们结合单元主题或是阅读策略来推荐这些书，这些书在我们的阅览室里面就有。我们列出了书单，也列出了相应的语文实践活动。

二是在技术上的准备。我们在 2008 年 5 月 10 日和 11 日召开了"阅读策略研究——儿童阅读与小学语文教学研讨会"。当时我们学校有 24 个班，每个班都对外开放，所有与会的代表都可以到班里去参与活动。我们的阅读策略指导是按照文体来的，科普类的文章怎么读、诗歌类的文章怎么读、故事性的文章怎么读、毛泽东诗词怎么读等，主要在阅读策略上进行了一些探讨。后来我们发现，只是在阅读策略上进行探讨，也是浅层次的。大家想一想，教学生阅读，终极目标是什么？是学生读过这些书吗？不是。我们应该有一种学习的观念，让学生在阅读中学习语言、学会表达，这才是在学校层面学习语文的终极目标。

因此，我们又召开了全国性的习作研讨会，探索出了以写促读的方法。简单来说，就是让一年级的学生写儿童诗，二年级的学生创编图画书。一年级的学生通过读好看、好玩的儿童诗，形成自己的语言，再用自己的语言来描述自己的想象与生活。一年级的教师把学生写出的一句一句的话放在一起，就可以形成一首儿童诗。写诗看起来好像很简单，就是把一些话罗列在一起，但这背后反映出了学生不俗的想象力和创造力。到了二年级，我们让学生创编图画书，让学生在教师的引导下发现图画书的特点是画面丰富，语言简练。把长的故事写成简短的一句话，对二年级的学生来说是非常难的，这是很高要求的语言训练。教师可以把一些图画印在纸上，让学生先看，然后试着写，再对照原著，看自己的语言表达和作者的语言表达的差别，从而感受作者写得好的地方。三、四年级主要锻炼学生的基本功，让学生用白描的手法描写看到、听到、想到的所有的事情，像素描一样，要能够刻画细节。每个学生读同样的作品感受不一样，表达也不同，教师要鼓励学生进行个性化的真实表达。到了五年级，我们让学生学写散文。到了六年级，就大胆提出创作，让学生进行小小说的创作，对学生进行真正的文学熏陶，让学生能够从中体验到阅读的快乐。我认为，阅读最大的快乐，不是在阅读的书中看到了别人，而是在阅读的书中看到了自己。对自己认可，对自己的理解更深刻，或者觉得生活变得有意义，这是阅读给每一个读者最大的奖赏。我们要引领学生进行有效的阅读，培养学生的阅读能力和鉴赏能力，实现阅读的终极目标。

四、对儿童分级阅读的一些思考

我现在正在研究叶圣陶"读整本书"的思想，叶圣陶明确提出"中学语文教材除单篇的文字而外，兼采书本的一章一节，高中阶段兼采现代语的整本的书"。叶圣陶对"读整本书"的重视程度出乎我们的想象。后来因为整本书真的不好找，所以，最后也没有能够实现将整本书变为教科书。现在，出版业已经如此发达，用整本书做教科书成为一种可能。站在叶圣陶"读整本书"的角度，我认为应该多进行一些本土的研究。在中国的有关学习理论里面，虚心涵泳是重要的学习方式，尤其是阅读，就是把自己的心放空，沉浸在整本书里面，来感受这本书。只是感受某句、某段吗？不是，是整本书。将来有一天，我想真的会有中国本土的儿童分级读物。为什么《三字经》《百家姓》等书能成为主要的启蒙教材？因为这些书有两个特点：一是短句符合儿童的年龄特点，读起来朗朗上口；二是实用，它能起到封建社会伦理道德教育的作用，在现在来看就是人文的道德熏陶和关怀。如果真正地将整本书作为教科书来学习，那么出版社和教育界的任务就非常艰巨了，需要大家好好探讨。叶圣陶在多年前就呼吁，教育家、出版家来研究，我们来创作这种书也可以，希望不要再让我们的孩子进行支离破碎的学习。

儿童阅读分级应该以什么为标准？在儿童阅读分级的初级阶段，可以年龄为标准，随着分级阅读的发展，应过渡到以儿童的阅读能力为标准。为什么？我们要思考的不是现在的孩子的阅读能达到什么程度，而是现在的孩子的阅读应该达到什么程度。理论性地探讨各个年龄段的孩子在阅读方面的最低要求是什么，应该达到什么标准，帮助他们达到这个标准，这应该是我们现阶段的一个过渡，将来的孩子在这个年龄段要达到什么要求，我认为是就高不就低，可以让孩子有一个区间，但是这个标准制定出来，目的是要在阅读能力方面让孩子有所进步。

儿童文学阅读分级的目的是什么？是为了儿童。为了儿童，并不是说我们把所有的东西都准备好给儿童就行，这样只会让儿童失去探究的欲望。阅读分级，只是暂时性地、辅助性地对阅读能力比较弱的孩子的一种帮助，不应该代替孩子自己鉴别，不应该代替孩子自己读书和自己选书。我们要为了儿童的阅读做设计，出版社应该把优质的图书进行优质的设计。因为儿童阅读不能只靠家长、教师。我在做"读整本书"体系的时候，就想给从幼儿园到高中的学生推荐书目，并附上所有的正文阅读。我们也在《小学语文：单元整体教学构建艺术》这本书中做了12个学期读整本书的设计，从一年级的第一学期到六年级的第二学期，努力体现阅读目标和阅读指导的过程。

我还有一点想法就是，出版人更应该把精力投到教师，尤其是小学语文教师的培养上来，培养他们的鉴别能力——为儿童阅读鉴别出更适合的读物，带动孩子读书，这也是一件利国利民的好事。

总之，我认为，孩子讨厌单向度的任何事情，包括阅读。他们喜欢变化，喜欢新奇的东西，这是他们的特点。儿童文学分级阅读只是阅读的一种形式，一个阶段，而不是全部。我们已经走在了儿童分级阅读的路上，前方的路还有待我们一起去探索。

✎ 【阅读观点】

一个人文化水平的高低与思想的深刻与否，不在于读了多少本书，而在于读了多少有质量的书，这是非常重要的。

我们应该有一种学习的观念，让学生在阅读中学习语言、学会表达，这才是在学校层面学习语文的终极目标。

我认为，阅读最大的快乐，不是在阅读的书中看到了别人，而是在阅读的书中看到了自己。对自己认可，对自己的理解更深刻，或者觉得生活变得有意义，这是阅读给每一个读者最大的奖赏。

阅读分级，只是暂时性地、辅助性地对阅读能力比较弱的孩子的一种帮助，不应该代替孩子自己鉴别，不应该代替孩子自己读书和自己选书。

儿童阅读的感性和理性

2016 年 4 月 23 日，我被《中国教育报》评选为"2015 年度推动读书十大人物"。一年来，我上整本书阅读课 20 多次；在国家图书馆、首都图书馆等地参加阅读专项活动 7 次；在各种阅读活动中进行"互联网＋下的阅读教育""图画书的中国味道"等讲座 10 次；发表《班级读书会的价值在哪里》《中国古人的读书生活》等关于阅读的文章 6 篇……这一年，我参加的阅读推广活动特别多。

进入 2017 年，我开始静下心来观察和思考，在如此奔忙中究竟留下了什么？回想我参与的活动，浮现在眼前的是以下两个场景。

场景一：在五年级的课堂上，我和学生探讨可能性、概率和统计，所用的两本书是《猫画被盗事件》《谁能得到变形金刚》，最后还选取了美国总统大选的选票统计、网络销售和快递的数据。

用《猫画被盗事件》引发学生对"图＋文"描述故事的关注，通过《谁能得到变形金刚》中"如何设计游戏规则"的情境引发学生的思考和讨论，让学生感受随机事件不确定性的特点，以此来引导学生探究如何用图表的形式表达信息、如何看懂数学表达，理解统计在生活中的应用等。

场景二：我坐在电脑前，打开录屏软件，开始录制整本书阅读课，全国各地的小学生登录网上平台就能看到。至今我已经进行了《小猪唏哩呼噜》《神笔马良》《夏洛的网》《一百条裙子》等 10 本书的网上授课。通过"怎样理解""怎样把厚书读薄""如何欣赏一部传奇小说"等专题，引导学生掌握阅读策略，积累阅读经验。此外，我还在微信上以语音的形式向家长和教师进行阅读讲座——"如何培养一个阅读者""阅读：单篇、群文与整本"，两次讲座收听人数都在 12000 人以上。

为什么会对这些场景记忆深刻呢？因为它们给了我更多的挑战，也给我带来了更多的启示。

我产生了新的认识——阅读要整合到人。作为一个有 24 年教龄的语文特级教师，我在朋友的鼓励下上了一节数学阅读课，在市级的研讨活动中经历了一次前所未有的挑战。跨界的阅读课已经成为阅读推广中的一个趋势，相信会有更多的教师加入到这个行列中来，打破学科壁垒，真正思考阅读对学生发展的意义。

我的新行动——"互联网＋"下的阅读教育。从 2000 年开始，我就在人教论坛与全国各地的教师交流语文教学。但是，能够利用互联网，用声音向人们传递阅读理念，是我没想过的。朋友鼓动我作一次公益讲座，并且告诉我收听人数会在 10000 人以上。2016 年 10 月，我进行了第一次微信讲座。看着微信平台上的数字不断变化，我被网络的力量所折服。后来，当我知道别人的讲座动辄听众 100000＋ 的时候，我明白，在"互联网＋"时代，数字真的不是问题。互联网＋音频，成了推广阅读的有力工具。

阅读已经从"开卷有益"的感性阶段走向"实际获得"的理性阶段。我们既不能满足一班、一本、一堂课的悠闲，也不能为一人、一机、10000＋ 的表面繁荣所陶醉。家长、学生、教师已经从获取信息的低层级阅读走向发展思维的高层级阅读。虽然每个人的起点不同，但是，都要经过基于互联网的跨界与整合的阅读之路。以人的发展为目标，以互联网为平台，实现方便快捷而又发人深省的阅读，才能达到阅读立人的目的。

　　跨界的阅读课已经成为阅读推广中的一个趋势，相信会有更多的教师加入到这个行列中来，打破学科壁垒，真正思考阅读对学生发展的意义。

　　阅读已经从"开卷有益"的感性阶段走向"实际获得"的理性阶段。

　　以人的发展为目标，以互联网为平台，实现方便快捷而又发人深省的阅读，才能达到阅读立人的目的。

班级读书会的价值取向

我开展班级读书会已有 10 年，在大大小小的研讨活动中，为学生执教过 20 本以上的整本书。慢慢地，我开始被"大同小异"所困扰：不同书籍的班级读书会只是人物不同、情节不同、讨论的问题不同，拘泥于整本书的角色、情节，学生记住的只是故事情节和人物特点，对学生的作用几乎是相同的。随着阅读能力的提高，学生对千篇一律的班级读书会产生了"厌倦"，不能也不愿意真正地有所思考。

我曾在不同的时间、地点执教的《亲爱的汉修先生》这本书的读书会，能够展现出我的困惑和思考。

1. 注重内容理解的班级读书会

2005 年 12 月 24 日，我第一次执教《亲爱的汉修先生》班级读书会，按下面四个步骤进行：（1）了解这本书的作者；（2）谈谈是否喜欢这本书；（3）谈谈书中的主要人物；（4）讨论故事中的细节，如"电话铃响了。妈妈正在洗头，她叫我去接。是爸爸打来的。我的胃忽然变得很沉重，好像要垂到地上了。我每次听到他的声音就有这种感觉"，让学生联系书中的其他部分对这个细节进行研究、讨论。这样的教学能够抓住书中的重点部分，引导学生关注细节，训练学生的理解能力。

2. 重视表达的班级读书会

2013 年 4 月，我再次执教《亲爱的汉修先生》班级读书会，我把讨论分为两部分：一是意义理解，二是领悟表达。执教"意义理解"部分时，我出示这本书的目录，让学生先谈谈对整本书的认识，然后进行如下的讨论：(1) 讨论角色。出示书中角色的插图，让学生谈谈自己对角色的认识。(2) 讨论故事。让学生讨论在每一个角色身上都发生了哪些事。这两种讨论都以小组合作的形式进行，先是小组内讨论，然后进行汇报。执教"领悟表达"部分时，我首先让学生进行整体感知，说说这本书讲述故事的方式和其他书有什么相同点，有什么不同点。接下来让学生思考：(1) 把书中鲍雷伊的日记连起来读一读，你有什么发现？(2) 把书中鲍雷伊和汉修先生的通信读一读，你有什么发现？(3) 你认为"日记"和"书信"在这本书中的作用是什么？(4) 模仿书中的"日记"和"书信"写一写自己的故事，可以用上课文中或书中的词语和句子。

此次教学在整体理解内容的基础上对人物进行探究，为学生提供了一个探讨的框架，让学生从不同的角度来了解人物的特征，并且找出相关的细节部分作为证据支撑。通过对表达方式的探究，对日记、书信的研究，以及对书信在这本书中的表达作用的研究，让学生学会通过具体的文本，自己得出经验，知道日记和书信应该怎么写，不但知道日记、书信的书写格式，更要知道应该写作者的亲身经历，并且是印象深刻的事，最好能使用讲述的方式。相比第一次教学，学生能够有更实际的收获。

3. 策略为先的班级读书会

2014 年 4 月，我第三次执教《亲爱的汉修先生》班级读书会，我努力跳出书的内容，以书为依托，培养学生提出问题、梳理问题、解决问题的能力。

课上，我先让学生"乱说三分钟"，和同桌交流、分享关于这本书的一切内容。接下来让学生"乱写问题"，把不明白的地方提出来。经过这两个环节，学生阅读这本书的收获和困惑就都显露了出来。这时我不急于处理学生提出的问题，而是让学生把组内的所有问题进行汇总、提炼，让每个小组只能提交两个问题。于是，学生小组讨论，看哪些问题是值得提出的，然后把问题写在纸上交给我。这时候，如果有教师进行评判，就会让学生养成揣摩教师意图的习惯。这时，我让大家推选一位男同学、一位女同学到前面来读这些问题。让学生推选，学生肯定会推选比较公正的同学。在这两位同学读问题前，我问他们："你们觉得什么样的问题是好问题？"男同学说："有价值的问题就是好问题。"我就追问他："什么样的问题是有价值的问题？"他说："就是值得思考的问题。"这个回答就是我想让学生了解的。接下来，他们两个读问题，然后对这些问题作出了基本的评判。这只是完成了筛选问题的过程。接下来进行讨论，我预设的关于日记和书信的问题，学生根本没有提出来，他们还是更关心书中的细节。在他们讨论的基础上，我又提出关于日记和书信的问题，让他们讨论。

以上三次执教经历让我找到了班级读书会单向循环的原因在于阅读目标不清，总被书的内容所限制。如何进行突破？我认为需要做好以下四个方面的工作。

1. 目标指向阅读素养

教师设计班级读书会的时候，要有清晰的目标。这个目标要指向学生的阅读素养。国际阅读素养分为以下五个方面：能够理解并运用语言的能力；能够从各式各样的文章中建构出意义；能从阅读中学习；参与学校及生活中阅读社群的活动；由阅读获得乐趣。有了目标，教师就容易从分析书的内容中跳出来，不再局限于对书中人物性格的讨论，不再局限于对主题的提炼与生发。

对学生而言，也要有清晰的讨论目标，要知道怎样阅读，怎样通过阅读进行思考和学习。学生有了目标，就会经常反思阅读过程，总结阅读经验。

2. 内容指向学生活动

教师有了清晰的阅读素养目标，学生要学习的内容就不再是一本书了，而是要完成一个或者多个学习任务。教师可以把一本书的内容设计成学习活动，为学生提供学习的可能性。学生常常对学习活动充满兴趣，通过参与学习活动，学生能产生切身的体验。如教师设计做"人物卡"、绘制"故事地图"等活动，学生通过亲身参与活动过程，获得发展。

3. 实施指向课型划分

阅读课要走出千篇一律的状态，除了阅读的书的类型不同，还需要在目标明确的前提下对阅读课进行课型的划分。我把阅读课分为阅读思维课、阅读策略课、阅读实践课、阅读分享课、阅读欣赏课、阅读体验课、自由阅读课等。阅读思维课，是培养学生多角度思维的课，如从多个角度评价一个人物，为故事设计不同的结局，从不同人物的立场叙述同一个故事。阅读策略课，是教会学生阅读策略的课，如阅读一本书要从看封面、读目录、读细节等方面进行。阅读实践课，是让学生实践阅读策略的课，让学生运用学过的阅读策略读一本新书，然后进行交流讨论。阅读分享课，是以学生自己分享阅读收获为主的课。阅读欣赏课，是从不同的角度对一本书进行赏析，如从人物塑造、情节架构、语言特色方面分析一本书等。阅读体验课，是不同学生之间相互交换图书，体验不同性别、不同性格的人阅读的喜好。自由阅读课，是学生从自己的实际需要出发进行的自由阅读。

在这些课型中，自由阅读课应该是阅读课的主体，以保证学生在阅读实践中不断发展阅读能力。

4. 评价指向多向发展

从教师的角度而言，应该对学生的阅读素养和阅读能力进行评价。如何评价？一是在阅读的过程中考查学生对问题的理解程度。二是通过一定的纸笔测试来对学生进行评价，如通过"找一找……"的题干，考查学生提取信息的能力；通过"为什么……"的题干，考查学生整合解释的能力；通过"我认为……"的题干，考查学生反思评价的能力。三是通过学生自主分享、完成项目作业的形式对学生进行评价，如设计一本书的推荐海报、写一本书的书评等，以此来考查学生阅读素养的发展水平。

从学生的角度而言，应该能够对自身的阅读进行反思和评价。如何评价？一是能够评价书中内容；二是能够评价自己的阅读过程；三是能够评价自身的发展。

在开展班级读书会的 10 年间，我一直在寻求突破，希望班级读书会能给学生带去更多的思考，更多语文课无法带给他们的东西。这个过程是艰难的，因为任何讨论都不可能脱离整本书本身。但这个过程又是极有意义的，因为让学生在班级读书会中学会阅读，并且通过阅读去学习，正是班级读书会的价值所在。

> ✎ **【阅读观点】**
>
> 国际阅读素养分为以下五个方面：能够理解并运用语言的能力；能够从各式各样的文章中建构出意义；能从阅读中学习；参与学校及生活中阅读社群的活动；由阅读获得乐趣。
>
> 通过一定的纸笔测试来对学生进行评价，如通过"找一找……"的题干，考查学生提取信息的能力；通过"为什么……"的题干，考查学生整合解释的能力；通过"我认为……"的题干，考查学生反思评价的能力。

✎【阅读思考】

1.儿童阅读是以自读感悟为主，还是以大人讲解引导为主？

2.既然"开卷有益"，那为什么还要对图书和阅读方式进行选择？

3.在家庭阅读中，为什么还要了解学校的"班级读书会"是怎么开展的？

✎【阅读行动】

家庭阅读的意义和价值是什么？你认为怎样"伴读"会让儿童的阅读更有意义？列出你觉得做得好的几条。

_____

_____

_____

_____

_____

_____

✎ 【阅读思考】

1.读了这三章，你认同的观点是 _____

_____

你不认同的观点是_____

_____

2.读了这三章，你对儿童阅读有什么新认识？

3.你是否有和孩子进行交流讨论的冲动，如果要说服孩子去读书，你会用什么样的方式？是讲道理劝说，还是自己开始读起来？

✎ 【阅读行动】

根据孩子现有的阅读情况，你的家庭阅读计划是：

```
阅读书目：_____

伴读方式：_____

_____

_____

效果预设：_____

_____
```

下篇 儿童阅读的行动

本篇共三章，有 49 篇文章，是 49 本书的读书随笔。

第一章，体验爱的温暖。本章写到的书适合小学一、二年级的学生阅读。

第二章，品尝生命的味道。本章写到的书适合小学三、四年级的学生阅读。

第三章，黑暗中的一束光。本章写到的书适合小学五、六年级的学生阅读。

儿童阅读，首先是儿童立场。怎样做才是儿童立场？作者为儿童而写，儿童为成长而读，成人为儿童而想。一个曾经的儿童，很难回归到真正的儿童立场；一个真正的儿童，很难意识到自己的立场。所以，就需要在不同的角色间跨越，一会儿是儿童，一会儿是教师，一会儿是家长，这样才能够立体丰富地看一部作品。

阅读是为了现实人生，所以，本书作者读一本书几乎都会联系到现实生活。读别人的故事，想自己的人生；读别人的故事，写自己的人生。让儿童能够在读的书中找到人生榜样，然后按照榜样的样子去成长，这是阅读的终极目标。

这些文章，儿童、成人都可以阅读，也都可以受益。

"阅读观点"是从每一篇文章中提炼出来的。"阅读思考"和"阅读行动"却是需要家长读者读后进行思考，并付诸行动，才有可能真正地做出自己家庭的读整本书解决方案。

第一章　体验爱的温暖

信赖创造美好境界

——读《你看起来好像很好吃》

　　《你看起来好像很好吃》光看书名就够人捉摸半天了，你会奇怪这本书中究竟会发生什么样的故事。即使你已作好了充分的思想准备，但当你看了这本书后还是会有很多的出乎意料——"很好吃"竟然是一只小甲龙的名字，霸王龙竟然会保护小甲龙，还教给小甲龙很多本领，最后霸王龙用一种特别的方式把小甲龙送到爸爸妈妈身边。故事不是很复杂，作者用大幅的画面表述着这个故事，文字反倒成了这本书的点缀。夸张的画面、艳丽的色彩产生强烈的视觉冲击，同时画龙点睛般的文字也震撼着我们的心灵。书很快就可以看完，不用重复去看，那些画面和语言就仿佛印在了心间，往往在不自觉的时候浮现在眼前。这就是这本书的神奇魅力吧。

　　这本书无疑是写给孩子们的，我曾看到教师带领一年级的孩子读这本书的情景——随着情节的发展，孩子们一会儿紧张得鸦雀无声，一会儿又开心得放声大笑。尤其是当孩子们看到霸王龙用尾巴把吉兰泰龙甩上天空的时候，笑得那么开心，从孩子们的笑声中我们感受到的是真实的高兴。我想，这些孩子一定都把自己当成了那只有点傻乎乎的小甲龙，他们享受着被爸爸妈妈保护的快乐。有几次，我的心也随着情节跳动。

究竟是什么打动了嗜血成性的霸王龙，让它放下屠刀？又是什么在不断地撞击着我们的心灵？作者肯定在用画面表达他的某种感觉，他想表达的又是什么？我看过很多禅宗的小故事，每个故事都带给我很多启示，莫非这个故事中也蕴藏着禅机？

书中的霸王龙无疑是一个强者，它的主要工作就是不停地杀戮。当它看到弱小的小甲龙的时候，小甲龙因为不认识它，并没有远远地跑开或是避之不及，而是跳到了霸王龙的脚上。但就是这轻轻的一跳，让霸王龙感觉到了信任，感受到了自己的存在。一颗没有交流、没有寄托的心是多么孤独啊！霸王龙的世界里拥有的就是孤独，它从没有尝过被信任的滋味。当小甲龙突然不见的时候，当小甲龙驮着红果子给霸王龙吃的时候，我想霸王龙会流泪，这泪水是感动的泪水。被关怀、被疼爱是每一个人内心深处都有的强烈渴望，不管你多么强大。小甲龙的信任和关怀让霸王龙感受到这个世界的另一面。我想这会成为它终生难忘的经历。

其实，每一个人的内心世界都是孤独的，因为每个人都有无法和别人沟通的时候。渴望被爱、渴望被关怀，是一个人孤独时最大的需求。像小甲龙那样天真地去关怀一个人的爱，是不图回报的爱，是最纯真、最博大的爱。用真诚的行动去关注一个哪怕是很可怕的人，也是一种爱的举动。

教育是一个令人头疼的问题，因为孩子们总是有这样或那样的问题。怎样才能把孩子教育好呢？我想，信任是一个非常重要的因素。如果每一个教育者都能相信孩子，相信他们能够形成良好的习惯，慢慢地，孩子就会变得优秀。中央电视台曾播放过一个关于秦怡和她的儿子的纪录片，看完这部片子，除了让人感受到作为艺术家的秦怡对智障儿子深切的关怀外，还能体会到因信赖而产生的爱。其实，儿童是天生的缪斯，他们身上具备人类所有的美好品质，只要我们相信他们，他们就会给我们带来惊喜。

让世界充满爱，让世界变得温馨，让世界上的人相互信任……我想这些都是《你看起来好像很好吃》要表达的。

被关怀、被疼爱是每一个人内心深处都有的强烈渴望，不管你多么强大。

用真诚的行动去关注一个哪怕是很可怕的人，也是一种爱的举动。

儿童是天生的缪斯，他们身上具备人类所有的美好品质，只要我们相信他们，他们就会给我们带来惊喜。

爱是彼此关怀的行动

——读《猜猜我有多爱你》

　　这本《猜猜我有多爱你》，从文字的多少来看，肯定是一本小书，因为这本书几十页，除了大幅的画面以外，文字实在是不多。然而，从表达的情感和意蕴来看，这本书绝对是一本大书，因为书中那些温馨的画面会久久占据着你的脑海，或许会温暖你的一生。那些充满温情的对话暖暖地在心底弥散，让人觉得这个世界很广阔，月亮分外明亮，花儿飘出芳香，不自觉便产生了想说点什么、写点什么的冲动。

　　《猜猜我有多爱你》以画面与对话结合的形式描绘了两只兔子之间的情感。一只小栗色兔子和一只大栗色兔子在用自己的方式表达着对彼此的爱。当爱可以用长短、高低来比拟的时候，那爱就成了"我爱你一直到月亮那里，再从月亮上回到这里来"。两只兔子都在向对方传达"我爱你"的信息。爱是相互的，用自己的爱去回报爱就会获得更多的爱。给别人的爱比别人给自己的爱更多一点，这就是爱的轮回。

　　爱是一个永恒而又模糊的话题，没有人能说清楚爱究竟可以有哪些表达方式。然而，每个人心中又无时无刻不存在一份因爱而生的感动。究竟用怎样的方式表达这份美好的情感呢？故事中的两只兔子给我们作了榜样。他们或是伸开手臂，或是高高跳起，他们在用实际行动说明爱有多深。当大栗色兔子看着小栗色兔子熟睡的时候，眼底的那丝温柔就是爱，亲亲小兔子说声晚安就是爱。

爱有多种表现方式，作者用这个故事告诉我们，心中有爱就要表现出来，表现出来才能让人感觉到，这就是爱的存在。想方设法去爱别人，这就是人间的真情。

如何让现在的孩子懂得爱？如何让他们学会用自己的方式表达爱？这是一直困扰我们的难题。现在的孩子情感好像都很淡漠，把长辈对自己的疼爱当作理所当然的事情。其实，孩子并不是没有爱，而是他们的爱需要被唤醒。不管是父母还是老师，不仅要做孩子生活的老师、学习的老师，更应该做孩子爱的老师。用我们的方式向孩子传递爱，用我们爱的举动让孩子感受爱，用实际行动教会孩子如何爱，爱自己、爱他人、爱社会。大人应该把爱化作孩子可以理解的举动，让爱在他们心中变得真实可感。就像书中的两只兔子，他们用长短、高低来表达爱的多少，相信孩子们看了会有更深的感受。

当孩子们说出"猜猜我有多爱你"的时候，我们应该怎样回应呢？能否像那只大兔子那样认真地注视着孩子，让他尽情去表达。现实中，许多成人总是不善于倾听孩子内心的声音，这本身就是缺乏爱的举动，因为如果我们真的爱一个人，就会去关注他的一言一行。"行了，一边玩去吧。""你长大了再爱我也不迟。"如果孩子在向我们表达爱的时候听到这样的话语，他们心中爱的火苗是不是就会越来越微弱呢？爱是无私的，但爱也是相互的。要让孩子感受到大人对他的爱，更多地让孩子感受到被尊重、被需要，我相信，如此，孩子就会像大人爱他们一样去爱那些他们应该爱的人。

爱是什么？爱就是心中的暖流，爱就是彼此关怀的行动。看了这样温馨的故事，相信所有的孩子都会产生对父母表达爱的欲望。希望父母们能坦然接受来自孩子的爱的表达，只有让孩子学会爱，将来才会得到孩子源源不断的爱。

✎【阅读观点】

　　爱是相互的，用自己的爱去回报爱就会获得更多的爱。给别人的爱比别人给自己的爱更多一点，这就是爱的轮回。

　　心中有爱就要表现出来，表现出来才能让人感觉到，这就是爱的存在。想方设法去爱别人，这就是人间的真情。

　　孩子并不是没有爱，而是他们的爱需要被唤醒。不管是父母还是老师，不仅要做孩子生活的老师、学习的老师，更应该做孩子爱的老师。用我们的方式向孩子传递爱，用我们爱的举动让孩子感受爱，用实际行动教会孩子如何爱，爱自己、爱他人、爱社会。

永远的神话

——读《活了100万次的猫》

《活了100万次的猫》是一本图画书，几分钟就可以看完。故事很简单，讲述了一只活了100万次的猫在获得第101万次生命时终于成了一只完全属于自己的野猫。这一次，这只猫找到了自己所爱的美丽的白猫，有了自己喜欢的孩子，白猫死去了，这只猫哭了100万次以后，也死去了，从此再也没有起死回生过。故事读完了，弥散在心中的感觉却久久无法散去。

一花一世界，一叶一菩提。一只猫的人生就像是一面镜子照出所有人的人生！相信所有读了这个故事的人都会有所触动，每个人都会用这面镜子来照一照自己的人生。因为这个故事触摸到了每个人内心最柔软的地方，让你不得不想，让你不得不动，因为每个人都必须面对生与死这个永恒的命题。如果只有生没有死，这世界该有多么美好！相信这是每个人的企盼，每个人都希望获得永恒的生命。作者把这个大家都有的企盼寄托在一只猫的身上，让所有人通过猫的命运去思考生命的价值与质量。没有质量的生命活100万次也不及有情、有爱、有责任的生命活1次，这是显而易见的道理。然而，死就像一座大山横亘在每个人面前，没有人能够轻松地跨越。

我们的祖先是怎样看待生死的？除了老子、庄子对生命的淡薄，佛家、道家对红尘的看破，从一代代帝王追求长生不老的事迹，就可以想象先人们对生死的态度。强大如秦始皇，不但在生时想方设法追求长生不老，就连陵墓内都为转世了极其充分的准备。埃及人也是因为相信生死轮回，才在死后制成木乃伊……其实，人类从有了思想的那一刻，就已经在思考生死了，长生不老已成为人类永远的神话！人作为生命个体不能跨越生死，然而人类又是具有精神和情感的生命，所以也就对重生充满了期待。

既然无法重生，那就善待今生。《活了100万次的猫》把人类的第二重精神追求摆在了读者面前，那就是自由与爱。所有的人都希望自己是自由的，不但是身体的自由，更有精神的自由、情感的自由。为了自由与爱，人们甚至可以舍弃自己的生命。年轻的革命烈士陈乔年就义前，笑着说："让子孙后代享受前人披荆斩棘的幸福吧！"站在烈士的遗像前，看着20多岁的他的眼睛，想象在他短暂的生命中所可能发生的一切……究竟是什么让他能如此平淡地看待自己的生死？答案只有一个，那就是对自由的追求，对这个世界和并非他的后人的后人的爱！这样的人都是伟大的人，因为在他们的精神世界里，他们的生命已经超越了生死，超越了爱。

《活了100万次的猫》所关注的更是平凡人的生活与快乐。一个平凡的人在与世界相交汇的短暂红尘中，如何去面对？书中已经给出了答案，就是用心去生活，用情去看你的"白猫"，珍惜你们在一起的快乐时光。

珍惜，可以让生命延长，这就是普通人应该看到的生命的真相！不让时光在手中悄悄滑落，不让岁月逝去而了无痕迹，在自己的生命里创造自己能够创造的价值，获得自己应该获得的快乐！只有珍惜自由与爱，才能为拥有自由和爱而快乐！

没有质量的生命活 100 万次也不及有情、有爱、有责任的生命活 1
次，这是显而易见的道理。

珍惜，可以让生命延长，这就是普通人应该看到的生命的真相！不
让时光在手中悄悄滑落，不让岁月逝去而了无痕迹，在自己的生命里创
造自己能够创造的价值，获得自己应该获得的快乐！只有珍惜自由与爱，
才能为拥有自由和爱而快乐！

你我的孤独

——读《我有友情要出租》

　　《我有友情要出租》是台湾作家方素珍的一部童话作品，很精美的一本图画书，讲了一个很温馨、很恬静的故事。静静地把故事看完，你会露出会心的微笑。

　　大猩猩和咪咪度过了一段很美好的时光，因为他们彼此信任，彼此需要。大猩猩憨态可掬，让人觉得可信赖，甚至想跟他握握手，聊聊天。看到书中画的大猩猩，不由得让人想起电影《金刚》中那只强壮有力的猩猩，那只身处荒岛、寂寞无奈的金刚。大猩猩无疑是强者的象征，代表着成人世界。小姑娘咪咪天真善良，代表了纯真可爱的儿童世界。在遇到咪咪以前，大猩猩是孤独的；在咪咪走后，大猩猩又复归孤独，他的友情免费出租，却已无人问津。

　　大猩猩出租友情，起源于他内心的孤独。大猩猩感觉孤独，就想别人可能也孤独，所以他想到了出租友情。在大猩猩与咪咪之间发生了一些只有在儿童之间才可能发生的事情。他们因相互信赖而相互依恋，大猩猩对咪咪的依恋胜过咪咪对大猩猩的依恋，因为咪咪总是随时能得到快乐，因为她是儿童，而大猩猩不行，他需要放下成人世界的伪装，需要把自己柔软的心融入一个没有可能产生伤害的环境，然后才能真正地释放与轻松。大猩猩在和咪咪的相处中，受到的伤害仅仅是咪咪在赢了他的时候去踩他的脚，而获得的快乐是放弃了一切烦恼的快乐，在咪咪的纯真面前，大猩猩找到了真我。

每个人的内心深处都是孤独的，所以这个世界需要友情的滋润！随着年龄的增长，人们好像越来越不容易发现自己的快乐，好像简单的快乐已经不属于成人。好像没有哪一个成人会因为有了一把玩具手枪而高兴得睡不着，没有哪一个成人会为动画人物的命运而痛哭不已。为什么人长大了就不再天真？是因为成人的世界充满不信任吗？活在童话世界里的大人真的无法在现实中生存吗？我们是长大了的孩子，但是我们已不是孩子；孩子是即将长大的成人，但是孩子还不是成人，因此就有了两个世界的融合和错过。长大的孩子其实还是孩子，只要他允许自己像孩子。其实，成人完全可以像孩子一样充满想象，充满对现实的好感，充满简单的快乐！"长大后我便成了你……"为什么所有长大了的孩子都像他们没长大时的大人？人长大了，欲望也就越来越多，简单的事物已经不能满足内心的需求，因此就有了不快乐。不是年龄让人变得难以快乐，不是年龄让我们变得孤单，而是欲望这条大河淹没了你我，我们在欲望的河流里浮沉，也就少了许多孩子般的快乐！

"我有友情要出租"其实就是我需要友情来排解孤独。友情多是在彼此信任、彼此需要的时候开始，而在相互猜疑、相互冷淡的时候结束。拿出自己的坦诚去对待它，就会拥有真正的友情。让自己简单起来，友情将不用寻觅。仔细看这本书，你会发现很多细节，比如，每一页上都有不同的动物在关注大猩猩和咪咪。为什么大猩猩不选择和那些动物做朋友？或许是因为成人世界的法则吧。远交近疏！这也就不难理解为什么在网上可以交那么多朋友，而身边可能除了影子就是自己。让自己真诚起来就会发现，其实这个世界也很简单，其实人与人之间也很温暖。

人可以独享安静，不应该吞下孤独！你我都是这样。

✏️ **【阅读观点】**

　　每个人的内心深处都是孤独的，所以这个世界需要友情的滋润！

　　我们是长大了的孩子，但是我们已不是孩子；孩子是即将长大的成人，但是孩子还不是成人，因此就有了两个世界的融合和错过。长大的孩子其实还是孩子，只要他允许自己像孩子。

　　友情多是在彼此信任、彼此需要的时候开始，而在相互猜疑、相互冷淡的时候结束。拿出自己的坦诚去对待它，就会拥有真正的友情。让自己简单起来，友情将不用寻觅。

心中的月亮

——读《月亮，生日快乐》

　　《月亮，生日快乐》是一本让人看了感觉很温馨的图画书，作者是法兰克·艾许，讲的是一只小熊的故事。小熊想送给月亮一个生日礼物，为了能听到月亮的回答，小熊渡过小河，走过树林，爬到高山上，终于听到了月亮的回答。小熊给月亮买了一顶帽子，挂在树梢上，看着月亮戴上帽子。第二天，他戴上了月亮送他的帽子，可最后，帽子却被风吹走了。于是，小熊又一次爬上高山，和月亮说话，最后互道了一声"生日快乐！"

　　多么可爱的小熊啊！读了这个故事不禁会心一笑。小熊把月亮当成和他一样的小朋友，他认为月亮同样喜欢生日礼物，他认为月亮也可以送他生日礼物，他认为月亮是在和他说话，他认为月亮也会因为丢了帽子而感到伤心……这些想法、做法只有孩子才可能有。想想我小时候，真的相信月亮上住着美丽的嫦娥，真的相信用红绳子系住流星就会有好运气，真的相信七月七日牛郎织女会在鹊桥相会……我也曾骑着木棍在院子里奔跑，仿佛自己是跨上战马、驰骋沙场的大将军；我也曾把淋雨的小鸡暖在怀里，轻声和它低语。小时候脑子里有太多的秘密，小时候眼睛里有太多的神奇，所以心中也有太多美好的愿望。长大了，世界变得真实了，一切仿佛都浮现在眼前，原来认为大得走不到头的村庄，现在走完是小事一桩；原来认为神秘莫测的树林，现在一眼就能看到尽头。过去和现在仿佛是两个不同的世界。

羡慕那个可以和月亮说话的小熊。不是每个人都有这样的幸福，不是每个人眼中的世界都是一个鲜活的存在。我们这些长大了的人，总是活在狭小的个人世界里，太过于注重自己的内心反而失去了对外面世界的鲜活感应，外物对我们而言成了可有可无的存在。为什么孩子的心中有那么多美妙的事情？因为在他们的心中有一轮圆圆的月亮，皎洁的月光照亮了他们的心，也照亮了他们的眼睛，让他们用透明的心去看这个世界。

每个人都曾经从童年走过，每个人的内心深处都曾洒满月光。儿时心中的月亮让孩子纯真无邪，内心充满爱。长大了的我们心中也应该保有一线月光，并让这月光成为我们的信念。即使我们知道这个真实的世界并不像我们想象的那样完美，很多美妙的神话只活在婴儿的摇篮边，但我们不能因此而放弃信念。人生不如意十之八九，让我们相信爱，爱可以融化冰雪，爱可以温暖内心；让我们相信行动，只要行动就会有所改变。

"今人不见古时月，今月曾经照古人。"世界还是那个世界，并没有因为人长大了而改变，改变的是人的心。岁月在我们的心中填塞了太多的东西，不管是我们想要的还是不想要的，每一个记忆，不管是美好还是痛苦，都会在心中刻下一道印痕。内心越来越满，我们心中的月亮就没有了地方。及时清空我们的"内存"，不要让那些垃圾文件占领我们的心。如此，我们的心便能够装下一轮月亮，让一抹清辉照亮我们的心，同时也照亮一生的前程。

✐【阅读观点】

人生不如意十之八九，让我们相信爱，爱可以融化冰雪，爱可以温暖内心；让我们相信行动，只要行动就会有所改变。

"今人不见古时月，今月曾经照古人。"世界还是那个世界，并没有因为人长大了而改变，改变的是人的心。

爱的魔法石

——读《驴小弟变石头》

　　《驴小弟变石头》是一本图画书，作者是威廉·史塔克。这本书讲述了一个和爱有关的神奇故事。书中的图画表现力极强，每一种动物的神态都表现得很生动，仿佛就是我们身边的某个人。图画并没有因为是在讲述一个拟人化的故事而故意把动物画得很像人。驴小弟一家的"手"虽然能做各种动作，但仍然是"蹄"的样子。书中除了主要人物的样子用"衣服""眼睛"拟人化以外，其他动物仍然是以动物的形象出现。作者用这样的手法来表现这个故事，可以给儿童真实的视觉感受。

　　作者用朴素的方式讲述了一个朴实的爱的故事。我把故事讲给儿子听，他一会儿紧张，一会儿激动，一会儿动情，很显然，他一定是把自己当成驴小弟了，而我的心也随着驴爸爸的心在跳动。最后，儿子问我："这个故事是你自己编的，还是从书上看到的？""为什么要问这个问题？""因为这个故事太好了！"

　　对孩子而言，这是一本非常有趣的书。驴小弟拥有了魔法石，可以要什么有什么，想怎样就怎样，这符合孩子的心理，他们总企盼自己被赋予神奇的力量。驴小弟一不小心变成了石头，虽然有点儿麻烦，但是变成与自己完全不一样的东西，是孩子寻求刺激的另一种需求。孩子心中的世界就是这样神奇，他们总是充满很多有趣的想法。

　　书中最让人揪心的是驴小弟变成了石头却没有办法变回去。想象一下驴爸爸和驴妈妈找不到孩子的焦急心情，相信每一个做父母的都会感到心痛。就这样经过了一个秋天、一个冬天，驴小弟是多么孤独无助，驴爸爸、驴妈妈又是怎样互相支撑着走过了这段没有儿子的岁月。作者把读者带进了一个真实的情感世界，让每个人的心都为之跳动。书中最令人兴奋的情节就是驴爸爸和驴妈妈终于来到驴小弟变成的石头旁边。那近在咫尺的感觉，仿佛听到了彼此的心跳声。终于，驴小弟在爱的感召下变回了原来的样子，故事有了一个圆满的结果。因为驴爸爸知道儿子的爱好，他才注意到那颗特别的石子，并且把石子放在驴小弟变成的石头上面，这样驴小弟才有机会实现自己的愿望，变回原来的样子。这就是爱，简单而又伟大的爱。爱就是不需语言的时时关注，就是不需表白的彼此了解。父母对孩子的爱就是即使孩子变成石头也要用心去体贴的行动。

"回到家里，驴爸爸就把那颗神奇的小石子放进铁打的保险箱里。"驴小弟没有像开始想的那样为爸爸妈妈变出需要的东西，爸爸妈妈也没有用这块魔法石满足任何愿望。这是为什么呢？"也许有一天他们还会用到它，但是现在，说真的，他们还会希望什么呢？他们已经有了他们想要的一切了。"是啊，一家人能在一起还有什么不满足的呢？人总是在寻求身外的一切，为了满足各种各样的愿望而努力着，却忽略了身边最该重视的人。书中的魔法石让驴小弟一家认识到了最珍贵的是家人的团聚。这块魔法石是爱的试金石，它让人发现爱，珍惜爱。

每个人都拥有一块爱的魔法石，就看你怎样去使用它。用爱心去经营自己生活的世界，你也会被爱所包容，想拥有的一切也就尽在其中了。

✎ 【阅读观点】

这就是爱，简单而又伟大的爱。爱就是不需语言的时时关注，就是不需表白的彼此了解。父母对孩子的爱就是即使孩子变成石头也要用心去体贴的行动。

每个人都拥有一块爱的魔法石，就看你怎样去使用它。用爱心去经营自己生活的世界，你也会被爱所包容，想拥有的一切也就尽在其中了。

以透明的心享受生活

——读《蚯蚓的日记》

《蚯蚓的日记》是一本极为有趣的图画书，看这本书，我时常不由自主地笑出声来。这本书用日记的形式记录了"蚯蚓男孩"在学校、家庭以及和朋友之间的生活点滴，还有对自我、对未来的想法。读这本书能使人在幽默诙谐的语言中，感受到一种朦朦胧胧似曾相识的美好。

这本书把图画的功能发挥到了极致，平时不起眼的蚯蚓在书中却是那样活灵活现，表情生动，让人不得不佩服画家非凡的想象力与创造力。

"蚯蚓男孩"一共写了18篇日记，每一篇都记叙了不同的生活场景。另外，书的前后还以"照片"的形式展示了"蚯蚓男孩"的不同生活侧面。看完这本书，觉得生活虽然琐碎，但是非常美好，心一下子开朗了。"蚯蚓男孩"的每一篇日记都很稚拙，就像在对你说话，那童言无忌的样子如在眼前，你可以把他想象成一个梳着发髻的古代儿童，也可以把他想象成戴着棒球帽、提着滑板的现代男孩，那种天真是完全穿越了时空的。虽然面对的是不同的生活场景，但是那双睁大了的审视世界的眼睛一直没有改变。

书中的每一句话都值得细细咀嚼、慢慢回味，每一幅图都值得用心感受、动情欣赏。而其中的美妙，只有捧起书一遍遍阅读时才能感觉到。

看完这本书，我不忍心过度挖掘其中的意义。我宁愿它记录的就是琐碎的生活，我宁愿想象那个"蚯蚓男孩"还在记着其他日记，甚至我想，我应该把这些日记继续写下去，而不是对此评头论足。总是问"为什么"的生活虽然有意义，却过于辛劳与疲惫。生活原本如此，人应该坦然地面对自己每天的生活，就像小蚯蚓这样恬淡自如地生活着，轻描淡写地记述着，不把生活看得轰轰烈烈，不把自己看得过于复杂。让胸膛里跳动一颗虽平凡但强健的心脏，才是生活最真的意义。

因"黛玉"形象深入人心的陈晓旭香消玉殒，在带给世人太多震撼和遗憾的同时，更多的是唤起了人们对于生命的思考。什么样的生命最有价值？恐怕没有人能回答这个问题，因为人只能选择有限的生活方式，在人生的道路上总是会顾此失彼。人生怎么才能没有遗憾？要像"蚯蚓男孩"这样，做好眼前的自己，以微笑的态度对待过去的遗憾，以平和的心境迎接未知的明天，让生活总是充满温情、充满关爱，不为将来失去现在。如果所有的"现在"都失去了，也就没有了将来，人类个体如此，人类群体也如此。现代社会，竞争如影随形，正因为如此，才更需要放松心情。"风来疏竹，风过而竹不留声；雁渡寒潭，雁去而潭不留影。"我现在真正懂得了这句话的意思，就是要拥有一颗透明的心，事过心随空。

看看书中的"蚯蚓男孩"，让我们期盼所有的孩子都能以这样的方式生活，都能以这样的心态对待他们的未来。他们应该有梦，更应该有对待自己和他人的宽容，以敞亮的心境活在现在。

每一个故事都可以是一个寓言，每一种人生都可以对照一种寓言。阅读的力量就是用希望之光照亮生命。捧着这样一本书，一遍遍翻看，在其中汲取生活的力量。

总是问"为什么"的生活虽然有意义，却过于辛劳与疲惫。生活原本如此，人应该坦然地面对自己每天的生活，做好眼前的自己，以微笑的态度对待过去的遗憾，以平和的心境迎接未知的明天，让生活总是充满温情、充满关爱，不为将来失去现在。

每一个故事都可以是一个寓言，每一种人生都可以对照一种寓言。阅读的力量就是用希望之光照亮生命。

让美好继续

——读《大猩猩》

　　《大猩猩》是安东尼·布朗的代表作之一，讲述的是生活在单亲家庭的女孩儿安娜的故事。安娜渴望得到爸爸的关爱，可是现实生活中的爸爸既冷漠又严肃。吃早餐的时候，爸爸在看报纸，父女俩没有交流。在生日的前一晚，安娜想要大猩猩做生日礼物，得到的却是一只玩具猩猩。安娜感到自己好像被关在笼子里，和动物园里的猩猩一样。不过，当晚，让人惊异的事情发生了，玩具猩猩变成了真正的大猩猩，并带安娜去动物园玩……故事的最后，爸爸满足了安娜的愿望。

　　故事不是很复杂，但是反映了一个复杂的生活问题。单亲家庭长大的安娜希望得到爸爸的关心与爱护，可是爸爸每天忙于工作，甚至还把工作带回家，根本没有时间、没有精力、没有心情和安娜交流，他所能给安娜的只是衣食住行的基本生活保障。安娜的要求在爸爸面前都变得微不足道，因为他要面对很多难题，养家糊口的琐事，社会地位的挣扎，情感的孤独与寂寞。这些是安娜没有办法理解的，就像安娜的要求爸爸没有办法理解一样。

　　早餐的时候，爸爸用一张报纸把自己和安娜隔开了；晚饭后，爸爸用工作把安娜拒之门外；安娜生日的时候，爸爸用一个玩具猩猩抵消了安娜想去动物园看真的大猩猩的愿望……这一切都让安娜伤心，因此，她不能依赖爸爸，只能依赖自己。于是，在朦朦胧胧中，玩具猩猩变成了真的大猩猩，这只大猩猩带她去动物园，带她去看电影，陪她逛街，带她去吃她想吃的美食，带她跳舞，把她送回家……安娜的美好愿望都在梦境中实现了。故事的最后，爸爸醒悟了，他带着安娜走出了家门。父女二人可以彼此温暖，彼此关怀了。这是一个温暖的结局。当爸爸再次忙碌的时候，安娜新的要求还会被满足吗？这是一个值得思考的问题。

安东尼·布朗是用图画讲故事的高手，他用图画传递着用语言无法传递的信息。屋里无处不在的大猩猩图片，向我们传递着安娜对看到大猩猩的渴望。安娜喜欢大猩猩，满脑子都是大猩猩，这就是一个孩童的梦想，这就是孩童的专注。故事一开始，家的氛围还是温馨的、柔和的，但随着安娜的愿望总是不能实现，家里的地板、墙面的颜色都变得灰暗起来，说明爸爸变得越来越难以接近了。不过安娜心中的梦想之火仍在燃烧，猩猩的图案总是伴随着安娜，家里的地板、墙壁的纹理都像大猩猩的皮毛，就连"蒙娜丽莎"都变成了一只大猩猩。作家在用这样的图画说话，让读者的心情随着画者营造的氛围而改变。

在梦中，大猩猩要带安娜去动物园的时候，穿上了爸爸的大衣，戴上了爸爸的帽子，而这一身暖色系的打扮，让安娜觉得是幸福的、安全的。与此同时我们可以看到，在画面的另一边，挂着爸爸的另一身衣帽，那一身是黑色的，板板整整地悬挂在那里，预示着现实中的爸爸与梦中的大猩猩的不同。注意到了吗？门有两个把手，一边一个，仿佛在告诉细心的读者，这一切都是不真实的。

书中还有很多细微之处在讲述故事的真相，把一个小女孩心中的渴望表现得淋漓尽致，让所有的大人看了，都会不由自主地放下手中的工作，想想去如何满足孩子合理的愿望。安娜是个安静的女孩儿，她没有向爸爸提出无理的要求，她只是希望爸爸陪伴她，和她一起在动物园度过她的生日。

这本书也告诉我们，在单亲家庭里，爸爸或者妈妈承担着双重角色，承受着更大的压力，孩子也有着更多的需求，因为他们的情感总是饥渴的。安娜的不放弃，爸爸的及时醒悟，让我们看到了一个美好的结局。现实中是不是这样美好呢？无论如何，生活总要继续，只要心中有梦想、有渴望，只要共同努力，那梦想、那渴望总会实现的。

✎【阅读观点】

当爸爸再次忙碌的时候，安娜新的要求还会被满足吗？这是一个值得思考的问题。

无论如何，生活总要继续，只要心中有梦想、有渴望，只要共同努力，那梦想、那渴望总会实现的。

美丽的种子

——读《兔子坡》

　　《兔子坡》是美国作家罗伯特·罗素的一部作品。封面上是一只正在跳跃的兔子，身后是一幢美丽的房子和广阔的森林。这只小兔子就是乔奇。

　　这本书讲的是和小兔子乔奇有关的故事。兔子乔奇一家住在兔子坡，在这里居住的还有很多动物，在这里举足轻重，能决定其他动物幸福与否的不是强大的狮子、老虎，而是人，是居住在这幢房子里的人，他们的行为会决定那些小动物的命运。乔奇一家就像是在这个背景衬托下的主角，但是他们的幸福也和周围的动物、人有着密切的关系。作者把小兔子乔奇突出出来。乔奇是一只年轻的兔子，灵活，善于奔跑，并且喜欢冒险。乔奇在去请阿那达斯叔公途中与老猎犬周旋，最后奋力一跳，跳过了小河，完成了他人生中最优美的跳跃，让我们看到一只超乎寻常的兔子。乔奇更与众不同的地方是，他尝试着和新搬来的一家人近距离接触，当他在那户人家养伤的时候，整个兔子坡都处在猜测与不安之中。这样新奇的故事，让人不由得继续读下去。

　　故事很有意思。整个故事都从小动物的角度来写，把我们带到一个从没有体验过的世界里。一座小山，一幢房子，是可以经常见到的，丝毫不足为奇，而在这个故事中，小山和房子却是一个广阔的世界，当然这个广阔的世界是对那些小动物而言的。兔子洞、垃圾桶、菜地是我们根本不会关注的地方，但是作者却把我们带到这些神奇的所在，让我们感受到兔子洞中的恐惧、紧张、兴奋，让我们体会到捡拾垃圾的动物的苦闷与幸福，让我们看到菜地对维系动物生存的意义。一切都是新鲜的，有些是人们原来视而不见的，有些是根本没有想到过的，作者把这些一下子都推到了我们眼前，让我们看，让我们体验，让我们去思考。这就是故事的神奇魅力，作者像是给毫无生机的黑白画涂抹上了艳丽的色彩，这色彩引人瞩目却不耀眼，让人既能看到它，又看得舒服。

故事中透露着人生的幽默，很多情节让人看了发笑。那个总是爱担心的兔子老妈，因为失去了孙子辈的几个小家伙而很容易恐惧，并且唠叨个不停。那个总爱怀念过去的兔子老爹，最爱说的话就是——"在我长大的莓草乡啊……"每当这时候，听的人不是扭过头去，就是岔开话题，看来大家都已经熟悉了兔子老爹的"莓草乡"了。那个凭着自己的经验进行猜测的阿那达斯叔公，把草地说成"监狱"，把木箱子说成"绞刑台"……这些兔子分明就是我们中的一员呢，想象着他们的表情，听着他们的话语，不禁让人发笑。另外，故事中对蔬菜的描写也很吸引人，简直能勾起我们的食欲，让我们感觉到平常不愿意吃的蔬菜忽然变得那么新鲜，那么诱人。读了这个故事或许会让孩子对自己不感兴趣的蔬菜产生兴趣，可以纠正偏食呢。

"新的一家人要搬来了"是整个故事的起点，也是故事的重点。所有的故事都围绕着新的一家人来展开。作者巧妙地把故事穿插在新的一家人上，兔子坡的过去、现在、未来都和住在这里的人家密切相关。当新的一家人到来后，发生的故事都是温馨的、美好的。

这个故事的隐喻是很明显的，其中的关键词应该是"和谐"。在故事最后，作者为我们展示了一幅和谐的画面，也为我们展示了一幅不和谐的画面——一边是丝毫没有被破坏的菜园，一边是挖了陷阱、撒了毒饵、一片狼藉的菜园。通过这样的对比，让我们在体会美好的同时，又有所遗憾，总觉得故事应该可以更美好。但是，现实并不都是美好的，所以就带着这淡淡的遗憾，带着一种不满足，结束故事吧。

故事留给我们的更多还是美好的画面，看了这些画面相信每个人都会被感动。我们心灵深处储藏的美好种子也被这股温馨的风吹得发了芽，产生了一种要为别人做点什么的冲动。

✐【阅读观点】

　　一切都是新鲜的，有些是人们原来视而不见的，有些是根本没有想到过的，作者把这些一下子都推到了我们眼前，让我们看，让我们体验，让我们去思考。这就是故事的神奇魅力。

插上语言的翅膀

——读《笠翁对韵》

　　"天对地，雨对风，大陆对长空……"这些朗朗上口而又合辙押韵的文字就出自《笠翁对韵》。《笠翁对韵》是清代著名文学家李渔的作品，这本书是仿照《声律启蒙》写成的，李渔别号"笠翁"，所以给这本书起名为《笠翁对韵》。当时，这本书是专门写给儿童的，音韵和谐，儿童容易记诵，在记诵的同时也可以识字。

　　这本书是专为"对课"和作诗而准备的，长短不一，音韵和谐，对儿童感悟语言、学习语言有着特殊作用。这种语言功能不需要去分析，不需要读者熟悉书中的内容，只要达到张口就来的程度，就可以用来对对子了。书中韵律相对的例子很多，形式也不一样，虽然音韵和谐，但是句式长短不一。可以一字对一字，如"天对地，雨对风"；可以两字对两字，如"草舍对柴扉"；可以三字对三字，如"云梦泽，洞庭湖"；可以五字对五字，如"苍头犀角带，绿鬓象牙梳"。通过多读，可以发现其中的语言规律，掌握了这些语言规律，即使是脱离这本书，也可以在现实生活中触景生情，自己对对子了。

　　这本书中包含了一些历史典故，如"黄盖能成赤壁捷"，说的就是《三国演义》中，黄盖用苦肉计让孙刘联军获得了赤壁之战的胜利。书中这样的典故有很多。"搏虎卞庄子，当熊冯婕好""亚父丹心撞玉斗""谪仙狂兴换银龟"等都有故事，读这些故事能让人对过去的事情多些了解，让文化在心灵深处扎根。

书中还包含了大量的文学创作故事，如"江州司马，琵琶一曲湿青衫"说的是江州司马白居易写《琵琶行》的故事。

从这本书中我们能深刻体会到汉语之美，发现中华文化之美，每天读一点、记一点，对读者提升语言水平，了解传统文化很有帮助。

这本书适合朗读，读的时间长了，就能够把握基本的韵律。书中生字比较多，有些是生活中不常使用的，因此可以选择带有注音的读本。

汉语的文言形式是中国语言的重要阶段，这个阶段的语言言简意赅，反映了东方思维的重要特点，可以有效培植孩子对语言的感受力。把这种语言种进孩子的语言田地，孩子会收获很多，对孩子的思维方式和语言方式也会产生积极的影响。

✎【阅读观点】

从这本书中我们能深刻体会到汉语之美，发现中华文化之美，每天读一点、记一点，对读者提升语言水平，了解传统文化很有帮助。

找寻梦开始的地方

——读《点》

《点》是一本画面很清爽的图画书，没有太多的色彩，没有大幅的画面。这本书我反复读了很多遍，也反复讲给别人听，每次读，每次讲，我都会被书中的某些东西打动。读着它，我就读到了人生，读到了一个人对另一个人的影响，读到了一个人内心的力量，读到了鼓励可以培养自信、改变人生，读到了成人对儿童发展的巨大作用，读到了儿童发展的无限可能……

瓦斯蒂是个对画画不感兴趣的孩子，老师让她画，她就随意在纸上戳了一个点，当老师把她戳的点装饰好挂在墙上的时候，瓦斯蒂的内心被触动了，她觉得自己可以画出更好的点。于是，瓦斯蒂画出了无数的点，有些还很有创意，几个星期后，在学校的美术展览会上，瓦斯蒂画的点赢得了许多称赞声，她很快从一个不喜欢绘画、不会绘画的孩子，变成了具有艺术天分的孩子。

是什么激发了瓦斯蒂巨大的创造潜能？是老师，还是瓦斯蒂自己？老师的善意引领，让瓦斯蒂找到了自信；瓦斯蒂的持久努力，让自己的创造力得以展现。二者的完美结合，让我们看到了一个令人欣慰的结局，同时也触动了我们内心深处某个不为所知的部位。

作为一个成年人，不管是教师还是家长，都应该随时随地保持对儿童的支持与信任，相信他们有顽强的生命力，相信他们有无穷的创造力。每一个人都拥有待开发的宝藏，如果我们教师能像这本书中的教师一样，艺术地去引导孩子，让他们能找到自己，找到自信，释放潜能，孩子就能创造惊喜。如果我们能够对孩子多加鼓舞，用包容的心、用微笑的表情告诉孩子，"你能行，即使你现在还不行，将来你也一定能行"，就可以激发孩子的潜能，让他们在生活中踏出自己的节奏，创造出精彩。

这个世界上存在很多机遇与偶然，也存在很多不公和偏袒，我们的才能可能被埋没，我们的个人世界可能变得黯然。但是，看看书中的瓦斯蒂，只要我们还有创造的欲望，只要我们还能找到方向，就能创造美好的生活。心若在，梦就在，一切都还可以重来。

每个孩子在成长的路上都可能要遭遇很多次大人的误解，但我们可以通过自己的努力用行动证明自己。每个人都是在别人的目光中寻找前进的方向，每个人都是在他人的欣赏中获得成长。梦想需要自己付出努力才能实现，只要我们心中有梦想，就像瓦斯蒂一样，从那个点出发吧，经过不懈努力，最终总会找到自己想要的。

人都需要有一个点来触动，恰当的时机遇到恰当的人，或许就是成功的开始。但是，我们不能坐着等。人的一生不长也不短，最怕的是不能给自己的生活找一个点，我们要努力找到这个点，然后从这个点开始创造自己的美好生活。

故事的结尾耐人寻味，一个比瓦斯蒂更小的孩子遇到了和瓦斯蒂同样的问题，这次，瓦斯蒂让那个孩子画一条直线。从一个点到一条线，或许之后还可以到一个面，这于教育而言也有深刻的启发意义。教育可以延续，就像文化的延续一样。让现在的孩子多读些儿童文学作品，让文化的基因早早铭刻在他们脑海中，由点到线再到面，提高每个生命的质量，那么下一代的孩子才会有更多的机会成就自己，我们的民族才会有更加美好的明天！

　　作为一个成年人，不管是教师还是家长，都应该随时随地保持对儿童的支持与信任，相信他们有顽强的生命力，相信他们有无穷的创造力。

　　每个人都是在别人的目光中寻找前进的方向，每个人都是在他人的欣赏中获得成长。梦想需要自己付出努力才能实现，只要我们心中有梦想，就像瓦斯蒂一样，从那个点出发吧，经过不懈努力，最终总会找到自己想要的。

穿越时空

——读《三毛流浪记》

　　《三毛流浪记》是我国漫画大师张乐平的作品，至今已经印刷多次。《三毛流浪记》中的三毛形象在不同时期都深入人心。

　　这本书以漫画的形式向人们展示了三毛的一个个生活片段。过去的人看三毛，看的是周围人的生活。现在的人看三毛，看的是历史，是过去的生活。一个个黑白画面，一个个小故事，让读者看到了一个孩子的生活，也看到了过去那个年代一群孩子的生活。

　　全书一共有261个小故事，故事多用四字词语来表示。

　　"孤苦伶仃"是第一个故事，三毛从这里开始进入读者的视线。这个故事由6幅图组成，第一幅是山羊舔着小羊羔，第二幅是母鸡带着小鸡，还有猪妈妈和她的孩子；第三幅是狗妈妈和她的孩子们；第四幅，三毛情不自禁地抱起一只小狗，惹怒了狗妈妈；第五幅，三毛被愤怒的狗妈妈追赶，努力爬上一棵树；第六幅，爬上树的三毛看到鸟窝里鸟妈妈保护着小鸟，三毛流泪了。这个故事没有一个字，但是我们都能看懂，三毛的表情，三毛的举动，让我们感受到了那颗想要得到家庭温暖的心。这个画面留给我的印象是文字无法代替的，我时时会想起落泪的三毛。

　　"理想与现实"是最后一个故事，也由6幅图组成，不同的是这些图中多了一些"标语"，多了一些"声音"。这些标语写的是"儿童是未来主人翁"，这些声音是"我们要爱护儿童，培植儿童，尊敬儿童……"作为未来主人翁的三毛却被拒绝在"庆祝儿童节游艺大会"的大门外，三毛不明白，他也是儿童，为什么不能得到同样的待遇？最后，三毛在播放"尊重儿童"的广播前，双手捂住耳朵。三毛还相信这些"理想"的语句吗？在"理想与现实"面前，三毛经历了太多的事情，他还会相信世间的一切吗？

三毛之所以给人们留下深刻的印象，是因为他的善良、他的机智、他的勇敢，同时也因为三毛的真实，他流泪，他高兴，他恐惧，他无奈，这些我们通过一个个小故事都能感受到。从一个个小故事中，我们看到了一个真实的三毛，不拔高，也不贬低。不只是三毛，故事中刻画的每个人都那么逼真，里面有"好人"，有"坏人"，也有看起来"不好不坏"的人。虽然时过境迁，但仔细想想，现在这些人好像仍然活在我们周围。这就是《三毛流浪记》穿越时空展现的魅力，让我们看到的是人性，是真实的生活。

《三毛流浪记》的画面很简单，只有线条，只有黑白的对比，和当下的漫画不是一种味道。我相信，即使看惯了现在的漫画作品的孩子们依然会非常喜欢这本书，因为这本书在淡淡的"苦涩"中，有着非同寻常的"幽默"，这种幽默是可以让读者心领神会的。在故事"睡不安宁"中，三毛做梦收到了一件礼物，打开一看，是一件皮大衣，皮大衣忽然变成了老虎，把三毛吓醒了，原来是一只小猫趴在了他的身上。在故事"泄露机关"中，三毛因为学艺不精，吞宝剑的时候没表演好，引得周围的观众大笑不止，让师傅觉得无法收场。在故事"太卖劲了"中，师傅的刀舞得虎虎生风，三毛配合师傅，以至于把鼓都敲破了，让师傅目瞪口呆。这样的例子太多了，看似简单的画面传递了丰富的信息，对生活的理解，对人生的看法，对现实的关注……

让人无法拒绝的，用幽默不能掩盖的，是三毛的痛苦生活。一个失去了平等的社会，一个失去了正义的社会，一个贫穷的社会，一个太过自私的社会，一个没有同情心的社会，都会让一部分"未来的主人翁"

被扭曲，让他们丧失生存的权利，让他们丧失受教育的权利，让他们丧失作为人的起码的一些权利。看看处于战火中的那些国家，看看那些贫穷的国家，那里有多少儿童也像三毛一样呢？我们就生活在同一时空中，虽然我们无法改变他们的遭遇，但为了这些"未来的主人翁"，我们可以改变我们自己，在内心种下和平、友爱的种子，将来用我们的力量，让这个社会变得和平、稳定，让天下所有的儿童都能过上平静的属于他们自己的生活。

> 🖉 【阅读观点】
>
> 　　我们可以改变我们自己，在内心种下和平、友爱的种子，将来用我们的力量，让这个社会变得和平、稳定，让天下所有的儿童都能过上平静的属于他们自己的生活。

放飞梦想的蝴蝶

——读《蝴蝶·豌豆花——中国经典童诗》

　　《蝴蝶·豌豆花——中国经典童诗》由河北教育出版社出版，诗歌主编是中国著名儿童文学作家金波，绘画主编是中国著名绘本画家蔡皋。这本书很精美，是一本儿童诗集，也是一本图画书。儿童在读诗的同时，还能够欣赏到优美的图画。

　　这本书选取了 20 位作者的 20 首儿童诗。20 位作者都是"五四时期"以后中国著名的作家，有胡适、郭沫若、冰心等。

　　先来欣赏一下《蝴蝶·豌豆花》这首诗，这首诗的作者是郭风。诗是这样写的："一只蝴蝶从竹篱外飞进来，豌豆花问蝴蝶，你是一朵飞起来的花吗？"就这么 3 句话，却让人产生了无限的遐想。蝴蝶会怎样回答花呢？他会不会说"我不是飞起来的花，你也不是停下来的蝴蝶"？他会不会说"我是蝴蝶，你是花，蝴蝶就是蝴蝶，花就是花"？他会不会说"蝴蝶不是花，花也不是蝴蝶"？他会不会说"蝴蝶就是飞起来的花，花就是停下来的蝴蝶"？……当蝴蝶说这些话的时候，花又会怎样回答？我们可以放飞想象。当蝴蝶与花对话的时候，一切都生动了起来，不是吗？世间到处都有生命的存在，所有一切在我们面前都活了起来。蝴蝶的翅膀，扇动了我们的想象。

　　再来看看《小童话》："在云彩的南面，那遥远的地方，有一群树叶说：我们想像花一样开放。有一群花朵说：我们想像鸟一样飞翔。有一群孔雀说：我们想像树一样成长。"这就是"童话"，所有的生命都有自己的向往。我们可以接着想象："有一群树说：我们想像水一样流淌。有一群水滴说：我们想像树叶一样飘荡……"这首诗的好玩之处就在于读者可以把这首诗不断地继续下去，最后再回到诗的开头。这首诗，还带给我们一点思考，每个生命都向往自己没有经历过的生活，都梦想过上自己想要的生活，这种梦想是对还是不对呢？有了梦想就尝试着去实现，去经历，付出努力就可以，有没有结果，好像并没有那么重要。

《我喜欢你，狐狸》是作家高洪波写的。这首诗中的狐狸就是《狐狸和乌鸦》中的那只狐狸，老师教育我们千万不能像狐狸那样，可是作者却说"我喜欢你，狐狸"。"我喜欢你，狐狸，你的狡猾是机智，你的欺骗是才气，不管大人怎么说，我，喜欢你。"你这样想过吗？原来狐狸也可以这样可爱，不是吗？什么都按照固定的思维去思考，就会让我们的生活失去味道。大人有大人的看法，孩子有孩子的主张。换个角度想想，或许生活就会变得不一样了。除了对狐狸，对乌鸦呢？对其他已经"被固定"的人物呢？我们是不是可以从另一个视角来看看？发挥你的想象力，也许你也能够写出一篇篇的"我喜欢你"。

诗，是需要朗读的。当你默读以后，当你领会了诗中的意蕴以后，你就可以放声来读了，可以读给别人听，也可以读给自己听，把自己的理解带到诗中去，你会发现，诗的味道就在朗读之中。

除了欣赏这些诗，还有一些有趣的事情可以做，就是认真看看书中的图画，根据这些图画也可以想出不同的故事。如《亲亲我》这首诗配的画面很大，6个孩子在海滩上玩耍，每个孩子都不一样，哪个是你？哪个是他？哪个把你逗得笑哈哈？这就是图画带来的乐趣。认真地看看图画，这些图也会带给你不同的惊喜。

中国是"诗的国度"，人们以作诗为乐趣，以相互应和诗歌为生活。现在的我们也可以拿起笔，写下属于我们的诗歌，让想象力乘着诗歌的翅膀去飞翔，让生活因为诗歌变得不寻常。

世间到处都有生命的存在，所有一切在我们面前都活了起来。蝴蝶的翅膀，扇动了我们的想象。

每个生命都向往自己没有经历过的生活，都梦想过上自己想要的生活，这种梦想是对还是不对呢？有了梦想就尝试着去实现，去经历，付出努力就可以，有没有结果，好像并没有那么重要。

什么都按照固定的思维去思考，就会让我们的生活失去味道。大人有大人的看法，孩子有孩子的主张。换个角度想想，或许生活就会变得不一样了。

生命的价值与意义

——读《玩具诊所》

诊所，是一个治愈伤病的地方。

人类诊所，救治的是生病的人；玩具诊所，救治的是损坏的玩具。因此，诊所也是一个痛苦与欢喜交织的地方。

生病的人，能在诊所中获得救治，恢复健康的状态；损坏的玩具，能在诊所中获得维修，恢复良好的状态。

诊所，离不开大夫。《玩具诊所》中的大夫是河马医生。他先是为各种动物治病，当他老了，体力、精力不济的时候，他选择了退休。

退休，是很多疲于工作的人都盼望的生活；退休，是真正退休的人要努力适应的生活。上班的人，每天处在忙碌状态，所以，就无限向往自由自在的退休生活，总会说："当我退休了……"而真正退休的人，忽然从繁忙的工作中走出来，很容易"失重"，不知道自己能干什么，生活会变得茫然、无聊。

河马医生就是这样，忽然从"门庭若市"的热闹中摆脱出来，面对只有小孙女陪伴的冷清时，其心情不可谓不复杂。孙女提出下棋、玩扑克牌、画画等建议时，河马医生都摇摇头表示不想参与，他终于知道了什么是小孙女口中常说的"无聊"。

直到有一天，河马医生开始给玩具"治病"，他的生活一下子又忙碌了起来。玩具修好了，他还要给大家讲故事，这时的河马医生再也不怕"上床睡觉和起床"了，他又找到了生活的乐趣。

每一个生命都可以是一段传奇，怎样让自己的生命成为传奇呢？方法就是让自己的生命具有价值和意义吧！价值是一个生命对社会、对他人的作用，也就是要对别人有所帮助。意义是一个生命能够感受到自己的作用，也就是找到自己的位置。价值是对他人的，意义是对自己的，二者是统一的。很多人在帮助别人的过程中体现了自己的价值，同时也获得了自己生命的意义。

生命的价值和意义都要面对另一个哲学问题——自由和责任。当一个人能够真正自由的时候，生命是否还具有价值和意义？负重的生命才会走得更远，"负重"就是肩负责任和使命。自由是生命的权利，责任是生命的义务。每个生命的意义都是通过有限制的责任来实现有价值的自由。在对他人有用的基础上享受自由，才能感受到生命的乐趣，否则就会变得无聊，甚至抑郁。

在这个网络信息时代里，很多人沉浸在虚拟的网络世界中，不愿意面对现实中自己的生活。虽然网络生活是没有负重的生活，看似非常自由，但是却降低了生命的质量。短暂的快意人生并不能填补人们心中的空洞，因为看不到生命成长的过程，也听不到生命拔节的声音。在现实生活中，即使只是做些打扫房间、种种花草、刷刷餐具等这些小事，都是在对别人产生价值，对自己生发意义。

孩子年龄小，却是天生的"哲人"和"诗人"，他们对生命充满好奇和敬畏，对生命也已经有了很多思考。就像河马医生的孙女，她会把爷爷的摇摇头与自己的"无聊"对应起来。

在孩子生命的最初时段，需要一些健康的哲学为他们的一生打下底色。《玩具诊所》就是在以故事的形式，传递着生命的哲学。相信读了这本书的孩子们，生命会更有质量，不至于"黑发不知勤学早，白首方悔读书迟"……

这本书的创作灵感来自真实的社区生活，在现实中，真的有这样一个"玩具诊所"，里面的医生是一群退休的爷爷奶奶，他们每天在"玩具诊所"中，乐此不疲地工作着。

　　这本书巧妙地把"老""小""病"联系了在一起，老人、孩子、病人是这个世界上的弱势群体，他们的生命如何被关注？他们又该以怎样的方式彰显自己生命的价值和意义？在这本书里，老有所乐，小有所寄，病有所医……这是这个社会进步的表现，也是作者悲悯情怀的体现。所有的生命都在他人的生命历程中实现了价值，所有的生命都在个人的追索里建立了意义。

　　这本书中的图画也有一个神奇之处，图中的玩具很多都来自知名的童话故事，小朋友们仔细去看图，一定会收获很多发现的快乐，一定能跟着河马医生讲出很多故事，而这些故事也都在以特殊的方式讲述着生命的价值和意义。

　　你的故事里有我，我的故事里有你。小朋友们，我已经看到你们在读书的时候哈哈大笑的场景了。你们的笑容里包含了这本书的价值，你们也从这本书里获得了自己的意义。

✐【阅读观点】

　　负重的生命才会走得更远，"负重"就是肩负责任和使命。自由是生命的权利，责任是生命的义务。每个生命的意义都是通过有限制的责任来实现有价值的自由。

　　没有负重的生活，看似非常自由，但是却降低了生命的质量。短暂的快意人生并不能填补人们心中的空洞，因为看不到生命成长的过程，也听不到生命拔节的声音。

　　孩子年龄小，却是天生的"哲人"和"诗人"，他们对生命充满好奇和敬畏，对生命也已经有了很多思考。

小孩子心中的大世界
——读《寻家行动队》

　　《寻家行动队》主要讲的是寻找小老鼠帕蒂的妈妈和她的兄弟姐妹的故事。行动队由警察戈登、帕蒂与警察学员苏尼、耶特鲁德一大一小两只蟾蜍、一大一小两只老鼠组成。想想这个行动队在森林里行走的样子，就禁不住想笑。

　　但就是这样一个不起眼的行动队却利用他们的智慧，找到了瀑布后面的洞穴——帕蒂的家人生活的地方；也是这个行动队，凭借他们的勇气摆脱了狐狸的追捕，顺利登上小船，驶离洞穴岛……

　　两个警察学员加入寻找"家"的行动中来，让这本书变得不一样。两个小队员是在外过夜都要经过妈妈同意的，他们都不愿意主动洗澡，于是戈登和帕蒂不得不想办法。"要洗澡了，戈登有了一个计划。小警察们每人得到一杯牛奶和一块晚餐蛋糕——沾满糖粉的奶油蛋糕。吃过这种蛋糕，就不得不把全身都好好洗一下，如果是小老鼠的话，连尾巴也要洗了才行。"这样他们就很好地完成了洗漱任务。他们两个还容易疲劳，没等说完晚安，其中一个已经睡着了……但是，当他们要执行任务的时候，就会立马从床上坐起来；当他们碰到困难的时候，就会积极开动脑筋，根据种种迹象进行判断、分析，因为两个"老警察"，一个是真的老了，蟾蜍戈登已经 19 岁了，而另一个警察老鼠帕蒂则因为急于找到家人开始感情用事。是这两个警察学员让我们看到了儿童的力量，他们敏于思考，敢于行动，生命的潜能在他们的身体里涌动，这足以让所有的大人动容。这就是儿童，他们不是没有力量，他们可以行动。因此，大人不要太多地阻止儿童，而应该像戈登警官一样，去了解他们，观察他们，不打断他们的谈话……用成人的智慧与他们交往，通过亲身实践培养他们，让他们体验，让他们感受，让他们拥有智慧，让他们更加勇敢，这样，他们一定能创造出一个属于他们自己的世界。

我想这是作者创作这个故事的主要意图，因为在最后，4个警察一起讨论的时候，他们希望写几句智慧金句，其中就有一句："在每个小孩子心中都有一个大世界。"这个世界是温暖的、善意的、和谐的，这也是这本书所要传递的观念。帕蒂一家人生活在一起，小老鼠们得到了很好的照顾；小动物们作为"公民"生活在大森林里，有警察为他们排忧解难……大家生活在一起难免有小的摩擦，但是可以用合理的方式解决。当老鼠一家来到森林，聚在警察局门口的动物们已经忘记自己来警察局干什么，听说他们要找家人时，大家都在这里等待。找到家人后，大家都欢呼起来，就像他们与自己的家人团聚一样，他们还送出了自己家里的物品，来帮助老鼠一家尽快进入生活状态……这是孩子们心中描绘的世界大同的美好图景，也是作者在努力创造的充满温情的世界。

故事的叙述一直是穿插进行的，很有现实感，但是，精巧之处就在于开始看起来无用的情节，竟然都是精心的安排。比如，戈登警官训练两个警察学员，让他们去探索洞穴，后来这些洞穴成了老鼠的家。如果没有这样的情节安排，在洞穴岛上，大家就会碰到一个难题：到森林里以后，数量庞大的老鼠一家住在哪里？于是这20多个洞穴正好就够他们用了，所以才会有举家搬迁。还有，前面写到戈登的梦，他梦到了他小时候，梦到了妈妈。当他把梦告诉帕蒂的时候，帕蒂就在思考：妈妈是谁？她在哪里？但是，作者并没有告诉我们帕蒂在想什么，而是把帕蒂的情绪表现穿插在戈登与两个警察学员的对话和活动中。直到出现这个场景：帕蒂仍然垂头丧气、眼神空洞地坐在书桌前。她没有在意其他人，只坐在那里一动不动，孩子们只能把她连同她身下的转椅一同推开。泪水模糊了她的双眼，泪珠顺着她的脸颊掉落下来。"我妈妈不在了！"帕蒂低声说。此时我们才恍然大悟，原来帕蒂一直沉浸在自己的情绪中。戈登在做自己的事情，帕蒂在关注自己的内心情感，他们在同一个场所，但是他们谁都没有在意彼此。这场景，不就是生活中的真实情景吗？大人每天忙碌着自己的事情，对孩子的情绪关注不够，很少从孩子的角度考虑他们的感受……

书中还有一些需要关注的地方，这些地方充满了哲理。

"可不能从一只正常的蟾蜍的角度来想所有的动物。动物与动物是不一样的。""没错，但是该怎么说才能让他下次不再犯呢？警察必须学会思考！""并非遇到什么事情都需要去报警，有的时候只要去帮忙就好了。森林里的每个成员都必须相互帮助，我们所有的森林成员都必须这么做！我们就像是一个俱乐部的会员一样……"互相帮助是共享社会的基本准则，但是，要能够从对方的角度考虑，面对问题必须会思考，保证同样的错误不会再出现。

书中还有一些语言需要读者思考。"这么说不对，太愚蠢了。"耶特鲁德强调说，"必须要采取行动才行。""采取什么行动呢？""回敬他'你这个愚蠢的糟老头'，再狠狠地骂他一顿。"耶特鲁德说。这是语言暴力的问题，也是孩子们经常会碰到的问题，怎样智慧地解决呢？书中已经有答案了。对待"凶残"的狐狸，耶特鲁德要寄给狐狸一根鱼竿，让他自己钓鱼吃而不要吃老鼠，这就是他能想到的智慧的行动。

但是，狐狸有了钓竿，鱼一家又会怎么想呢？嗯，这是一个问题。在你的大世界里去探寻问题的答案吧！

✎ 【阅读观点】

大人不要太多地阻止儿童，而应该像戈登警官一样，去了解他们，观察他们，不打断他们的谈话……用成人的智慧与他们交往，通过亲身实践培养他们，让他们体验，让他们感受，让他们拥有智慧，让他们更加勇敢，这样，他们一定能创造出一个属于他们自己的世界。

✏️ 【阅读思考】

1.读完这一章，作者提到的 15 本书，

你记得的书有＿＿＿＿＿＿＿＿＿＿＿＿＿＿＿＿＿＿＿＿

以前你就读过的书是＿＿＿＿＿＿＿＿＿＿＿＿＿＿＿＿＿

你最想读的一本书是＿＿＿＿＿＿＿＿＿＿＿＿＿＿＿＿＿

2.作者选择阅读的这 15 本书，哪些是图画书？哪些是文字书？在一、二年级这个年龄段，你认为读哪种形式的书更好？或者是二者都要读？

3.从儿童阅读的角度考虑，每一本书阅读的重点是怎样的？从大人阅读的角度考虑，又是怎样的？你能根据下面的表格进行思考吗？

书　名	儿童的角度	大人的角度	二者的异同

✏️ 【阅读行动】

因为读物的一致性，儿童和成人会有基本相同的阅读感受。看到这幅图，你会从哪几个角度思考，然后跟孩子进行阅读互动？

第二章　品尝生命的味道

在经历中成长

——读《亲爱的汉修先生》

一口气读完《亲爱的汉修先生》，感觉自己就像书中的男孩鲍雷伊一样，经历了一次成长。读完后，内心的那种感觉依然久久萦绕。

鲍雷伊因为父母离异，家庭状况不好，而慢慢学会了独处，学会了自立；在和同学的交往中，学会了如何结交朋友；在和作家汉修先生的书信来往中，学会了写作，学会了观察、体验和感悟，学会了用日记记录自己的发现，学会了用文字表达自己的情感。鲍雷伊用书信和日记讲述的故事中充满了太多的遗憾，他没有找到偷吃自己午餐的"小偷"，他没有看到爸爸妈妈的"第二次婚姻"，他没有得到作文比赛的第一名，他没有宽敞明亮的家……这一切的不完美一直延续到这本书结束，让我们深深叹息，也为鲍雷伊感到惋惜。然而，这就是生活，这就是真实的人生，作者没有因为要创作这部作品而把生活有意夸大或缩小。

鲍雷伊从二年级开始写日记，一直写到六年级，才获得了小作家征文的荣誉入围奖。其间，鲍雷伊用了很多署名——您的朋友、您最棒的读者、您最喜欢的读者、学生鲍雷伊、您的头号书迷、筋疲力尽的读者、您以前的朋友、还在生气的鲍雷伊、受够您的鲍雷伊……通过这些署名，我们就像看到了一个天真率直的小男孩站在我们面前，感觉是那么亲切和真实。我们从这些署名也能感受到鲍雷伊内心的变化，看到他不断成长的足迹。

鲍雷伊从一个小男孩成长起来了，他慢慢变得坚强、自信，而这一切和他周围的人又是密不可分的。不窥探他的隐私的母亲，爱他而又比较负责任的父亲，注意提醒他、帮助他的法兰德林先生，把汉修先生的新作第一个给他看的图书管理员，他的好朋友培瑞……这些人让鲍雷伊感受到自己的存在，并且思考自己在社会群体中的位置。通过和这些人的不断交往，鲍雷伊学会了怎样与别人交流和相处。在对待父亲的问题上，鲍雷伊有很多次的心理变化，体现了他不断成长、不断适应现实的过程。

我想每一个读者都能从这本书中看到自己的影子。

我也曾经是一个孩子，从书中我似乎看到了自己的成长经历。因为家中兄妹多，父母往往无暇照顾我，而正是这种无暇照顾给了我很大的空间，让我在自己的天地里自由地嬉戏玩乐，和同伴有了矛盾，也是依靠自己解决。但就是这些经历让我学会了应该怎样和别人相处。在学习上，我不依靠父母，靠自己的勤奋去改变自己的命运。工作了，我依然有着一种不依赖他人的执着，自己能够做的事情绝不去麻烦别人。我的人生经历让我体验到了自我奋斗的力量，养成了自我奋斗的习惯。

现在，我已经成为一个男孩的父亲。孩子是父母的，但他更是自己的，他要自己去面对将来的生活。儿子5岁多时，他和别人发生矛盾了，我们尽量不去评价他的做法，而是让他自己去试着解决。有一次，他走在一名小朋友的后面，小朋友的画夹不小心戳到了他的上嘴唇，破了一道很深的口子。回来后，我问他怎么弄的，问他哭了没有。他坦诚地说哭了。转而，他问我："爸爸，你看我的伤疤像哪个体育名牌的标志？"他边说边比画。"李宁牌。""对，我这里像李宁牌，噢噢。"看着他的高兴劲儿，我也不知道应该说什么。后来，他还不断向别人炫耀他的"李宁牌"伤疤，好像那不是一道伤疤，不是一次不愉快的经历，而是一种荣耀。

爬黄山时，上山、下山他都拉着我冲在前面。下山时路太陡，我一直紧紧地抓着他，他不愿意被我抓着，就不断试图挣脱我，我可不敢拿他的安全开玩笑，仍旧紧紧抓着他。到了一处有山泉的地方，我们看到一位小朋友不小心坐进了水里，儿子高兴得不得了，也要下去。我帮他脱了鞋子，但是因为水里的石头上有很多青苔，太滑，所以他还是和我进行着挣脱与抓紧的斗争。照相的时候，他故意蹲下去把裤子弄湿，这才高兴地跳起来。过"一线天"，他自己扶着下来后，大声说："我的心都跳快了……"一路上碰到很多游人都夸奖他"小朋友真了不起""小朋友真棒"……有时候对方的话他听不懂，就问我："爸爸，他是在夸我吗？""是。""噢，已经有22个人夸我了。"那语气远没有我想得那么自豪，平淡得好像在说别人。他从不愿意规规矩矩地照相，所以，一路上拍照留念，开始他还很配合，后来就摆出自己的武术动作或者超人姿势，玩得不亦乐乎，但是到了第二天，他就不再愿意接受摆布，照相的时候故意躲避，我也就不勉强他了。

儿童的天性是向往自由的，他要慢慢在人生经历中学会遵守规则，学会理解与尊重。儿童又是淡泊名利的，对荣誉的渴望，对失败的沮丧，远没有成人那么强烈。在整个旅游过程中，儿子用他的言行无声地教育了我，虽然他根本就不觉得。开始的时候，我有意识地告诉他这里是什么，那里是什么，都是一种急功近利的灌输。后来，我就引导他用自己的眼睛去发现，让他自己去想象，可惜为人师太久，做得并不彻底。通过这次旅游，我感觉儿子好像一下子长大了许多。

我是一名语文教师，从《亲爱的汉修先生》这本书中我还学到该如何引导学生阅读和写作。书中的人物给了我太多的启示，这些不起眼的文字中蕴含着一种强大的力量。这种力量不是通过文字在起作用，而是通过心灵在起作用，它就像一面镜子，用儿童最纯真的心灵做我教书育人的镜子，让我明白，儿童要靠自己去成长，成长要经历一个相对漫长的过程；儿童成长需要引领，教育要靠被教育者自身主动地参与……写作是思想成长的过程，要靠阅读历练思想，要靠写日记打磨思想，要靠观察感受人生，要用体验证明成长……这一切都告诉我们该如何指导学生习作，也更加坚定了我在学校中实施"读书工程"的决心。我们学校一直在坚持课堂教学改革，坚持开展语文实践活动，坚持开设阅读课，坚持让学生每天写日记。我们还编辑了自己的校本课程用书——《经典诵读》(儿歌童谣卷、古诗文卷、综合卷),坚持让学生背诵,每学期都开展"读书节""文化艺术节"等活动,通过活动给学生提供更多的机会,为学生搭建成长的舞台,让每一个学生都在自己的学习经历中成长。

一本小书,却蕴含了太多的力量,值得每一个人去欣赏。我想,如果我是个真正的儿童,看到这本书我会很高兴,因为读这本书就像在和鲍雷伊聊天一样。我相信孩子们都会喜欢这本书,我也相信每阅读一遍这本书,都会产生新的体验、新的感受。

✎ 【阅读观点】

孩子是父母的,但他更是自己的,他要自己去面对将来的生活。

儿童的天性是向往自由的,他要慢慢在人生经历中学会遵守规则,学会理解与尊重。儿童又是淡泊名利的,对荣誉的渴望,对失败的沮丧,远没有成人那么强烈。

儿童要靠自己去成长,成长要经历一个相对漫长的过程;儿童成长需要引领,教育要靠被教育者自身主动地参与……

生命的脆弱与坚强
——读《夏洛的网》

很多朋友都在推荐阅读《夏洛的网》，我却很长时间没有买到。后来买到后，就一口气读完，并且把整个故事读给学生听。

故事讲的是一头幸运的小猪，刚出生时因为又小又弱、不好养活而差点被农场主杀掉，但是他碰到一位好心的小姑娘——农场主的女儿弗恩，她精心地照料他，还给他起名叫威尔伯。但是，在他生活的世界里，没有人把他当作朋友。正当他孤独苦闷的时候，蜘蛛夏洛出现了。夏洛愿意和威尔伯做朋友。于是他们快乐地交谈，真的成了朋友。但是命运总是在纠缠着有生命的个体，威尔伯面临着圣诞节将被做成熏肉火腿的命运。于是，一场与命运抗争的"游戏"开始了。夏洛在蜘蛛网上织出各种文字，让人们相信威尔伯是一头不同凡响的小猪，并最终帮助他在集市上获胜，得到奖牌，得以安享天年。而夏洛却无法逃脱自己的命运，老死了。威尔伯把装有夏洛后代的卵袋带回猪栏，看着夏洛的孩子诞生，大多数小蜘蛛都"飞"走了，但仍有 3 只小蜘蛛留下来和威尔伯做伴……

读这本书之前，有天中午，儿子不知道说了一句什么话，让我想到了几十年后的世界，几十年后，有关我和我的一切将无人谈起，无人知晓，而自己和这个美丽可爱的世界也是一点联系都没有了……一种惆怅笼罩在心头久久无法散去,"生死"这个命题在我33岁的时候竟然成了一道难题。我解不开心头的结,因为我无法超越自己,就如同历史上任何一个人一样。看到"今人不见古时月,今月曾经照古人",我会想到明月下的古人和明月下的未来人,而那时的未来将和我没有关系。所以,一段时期里,对于文字中和别人话语中的任何关于人生的话题,我都会想到死亡。我强烈地意识到生命的脆弱,让我感到哪怕一次极小的偶然也会断送一个美丽鲜活的生命。

于是,我读爱因斯坦的《我的世界观》,读居里夫人的《我的信念》,读罗素的《我为何而生》,读史怀哲的《敬畏生命》,读蒙田的《热爱生命》……一颗紧绷着的心慢慢放松了,原来有这么多人在思考这个问题,有这么多大师在为我解答这个问题。

恰好在这时候我碰到了《夏洛的网》。我看到了一群柔弱的生命在努力地绽放:小姑娘向举着斧子的父亲要回小猪;夏洛在利用一切时间为小猪威尔伯改变命运;小猪威尔伯在夏洛的鼓励下不断表现出自己的与众不同,最终有了责任感,并改变了被吃掉的命运。一只蜘蛛改变了一头小猪的命运,这就是生命的伟大奇迹,这就是努力与命运抗争的痕迹。蜘蛛夏洛死去了,还有千千万万的小蜘蛛,他们也可以创造奇迹,这就是命运的延续。每个人都不能掌握自己的生死,但是顽强的生命可以把握自己的命运。用生命温暖生命,是我从这本书中读到的最深的含义;用信念和行动改变命运是我从这本书中读到的现实意义。一种感动,一种温暖,一种体认,一种归属……我从这个群体看到了人类群体。

夏洛的生命是柔弱的,是短暂的,但是她让我感觉到了坚强,甚至感觉到了生命的不可战胜。一个最弱小的生命如果不放弃努力,也会创造最伟大的奇迹。经常在各种媒体的报道中看到几十年如一日在做着某种工作的人,不管工作本身是否伟大,我们都能感受到这个生命的坚强与伟大。"人生来平等"似乎是一句欺世的谎言,但是认真想一想,又是最终的真理。不仅对死的意义而言,对生同样如此。我不想引用保尔著名的那段话,但是我能强烈地感觉到生命的坚强。

我努力地工作着,虽然总是在做着不一定是自己最想做的事情,比如看书，比如写文章。我也一直在为整个学校的孩子们做事情，为他们精选图书，为他们编辑《经典诵读》，向报刊推荐他们的稿件，把优秀习作结集出版，和家长交流，和教师交流……这一切占用了我工作的绝大多数时间，但是一想到用生命温暖生命，我心淡然，我心坦然……

✎【阅读观点】

　　每个人都不能掌握自己的生死，但是顽强的生命可以把握自己的命运。用生命温暖生命，是我从这本书中读到的最深的含义；用信念和行动改变命运是我从这本书中读到的现实意义。

　　一个最弱小的生命如果不放弃努力，也会创造最伟大的奇迹。

温　暖

——读《特别的女生萨哈拉——一个孩子的特别成长经历》

《特别的女生萨哈拉——一个孩子的特别成长经历》，读了一天，温暖了我一个昼夜，也必将照亮我今后的人生。

我后悔，太晚读到这本书；我庆幸，在人生的历程中没有错过这本书。

读书的整个过程中，心中充盈的是一种温暖和感动。

随着作者的文字，我的眼前不时交错出现各种人物：那个腼腆的萨哈拉，那个具有魔力的波迪老师，那个需要特别教育的大个德里，还有巴黎、瑞秋……当然还有那个讲"苹果的故事"的教师，那个曾经是男孩的教师，那个曾经是教师的女孩……

还有，就是我自己，这本书让我记起自己童年的经历。萨哈拉的生命经历有一部分仿佛是我的生命经历，我是精神上的孤儿，曾经是，现在也是。每一个人内心都有一个"秘密的自己"，一个"纯粹的自己"。我们都拥有另外一个自己，不必怀疑、不必叹息、不必恐惧，我们都要有勇气做自己。萨哈拉的成长经历温暖了我这个孤独的灵魂。

人的生命中永远存在怯懦的一面与坚强的一面！如何去选择自己的生存方式，完全取决于自己。一个特别的孩子的成长经历告诉我们，孩子将来选择怯懦还是坚强，往往取决于我们这些为人父母、为人师长者。我们的教育方式，就是孩子将来的生活方式。

人类有一个先天的缺陷——长大了就忘记了自己曾经是个孩子。整个人类现在已经忘记了，我们的祖先曾经就生活在茂密的丛林、险峻的高山、宽广的草原，他们曾经和虎狼为伍，与猛兽同行，我们的祖先曾经就是自然的一个孩子。现在人类长大了，就忘记了这一切，所作所为已经离自然越来越远，远到好像我们已经不属于自然。所以，自然用"麦莎""泰利"来提醒我们，用南极臭氧洞的猛然扩大来警示我们，然而我们已经是大人了，我们太容易忘记。

　　每一个孩子都会有梦想，都会为自己的梦想夜不能寐，然而长大之后就很少知道梦想的滋味了，并且还总是用自己的方式去破坏孩子的梦想。我们不像那个善良的巨人，他总是把好梦送给人们，而把噩梦带走，带给孩子噩梦的往往是他们身边的成人。

　　萨哈拉的妈妈是令人敬佩的！可以说，她是一个完整的成人，她没有因为别人的看法而改变自己对女儿的看法，没有因为学校的做法而改变自己的信念。她相信自己的女儿，因为她了解自己的女儿，她不会因为别人的所作所为而放弃对女儿的认识，她没有因为顾及自己的面子而不给女儿面子，不像可怜的德里的妈妈，要靠剥夺德里的尊严去挽回自己的面子。

　　萨哈拉的妈妈是一个伟大的妈妈，是成人世界的典范。她在女儿面前是坚强的，没有太多地发泄对前夫的不满，因为婚姻是每一个成人的责任，而她勇敢地承担了属于自己的责任，并用行动告诉女儿什么是责任。我们的成人世界充满了太多空洞的说教，而缺少具有现实意义的教育，这是家庭教育的悲哀。

　　这本书足以温暖整个成人世界，让我们用温柔的、富有情感的心灵去关怀儿童、顺应儿童、引导儿童，让孩子顺着他们自己的轨迹，经历自己的人生。这本书给了我们智慧，让我们找到了到达儿童内心的路径，教会了我们用自己的心去温暖儿童的心。现在，我的儿子刚刚上一年级，我觉得在他长大的同时，我也长大了，因为我已经懂得了如何去尽到一个做父亲的责任：我用自己的目光去关照孩子；我用我的心去想孩子的心；我学会了倾听孩子的声音；我学会了尊重孩子，而不是去剥夺他的天性。

　　长大了的我们要关注儿童，就需要走进儿童的心灵，而儿童的心灵需要儿童文学的滋养。这本书让我理解了什么是儿童文学，什么是儿童的文学。作者悄无声息地为我们展示了不同孩子的心灵世界，引导我们靠近一个曾经属于我们而现在已经陌生的世界。儿童文学让成人发现了儿童，也发现了另一个"秘密的自己"，那个也许永远都长不大的自己。作者就像一个高明的画家，她看似随意涂抹的每一处都凝聚着爱心。我知道作者绝不是在刻意营造什么，刻意表白什么，刻意宣扬什么，但是在看书的过程中，我仿佛感受到了作者跳动的脉搏，那脉搏的律动让我感觉到健康和坚强。在我的头脑中，作者爱斯米·科德尔就是书中的那名女教师——波迪，她在用特殊的方式改变一些人、一些灵魂，科德尔让这些灵魂找到了自己的家。科德尔对心灵的眷顾让我感到温暖，让我感受到了来自另一个心灵世界的理解、关怀和照应。读这本书，我找到了自己，又发现了别人，理解了世界，晓谕了生命。我像被一个智者点拨了，不知不觉了然开悟，发现了应该发现的，明白了自己应该承担的。

　　8万字左右的一本书，绝对算不上一本长篇巨著，但是对于一个需要照耀、需要滋养的世界而言，已经足够了。那些看似不经意的文字，让我感受到了语言的魅力，这种语言出自一颗美好的心灵，作者就是在用心和读者交谈。一个用心去书写的人，如果他是一个作家，那他就能写出优秀的作品；如果他是一名教师，那他就能赢得他的学生；如果他是一个父亲，那他就能发现自己的孩子……

　　读完后，我的脑海中有无数个念头涌出来：如果我曾经有这样的一位老师，如果我是德里，如果我是波迪，如果我是萨哈拉的父亲……无数个如果，无数个假设让我看到更多的世界。

　　回到现实，我想应该用儿童文学补上我们童年曾经缺失的一课，应该用优秀儿童文学的人性光芒烛照儿童的心灵。

孩子将来选择怯懦还是坚强，往往取决于我们这些为人父母、为人师长者。我们的教育方式，就是孩子将来的生活方式。

儿童文学让成人发现了儿童，也发现了另一个"秘密的自己"，那个也许永远都长不大的自己。

微笑面对

——读《了不起的狐狸爸爸》

　　新鲜刺激，无疑是《了不起的狐狸爸爸》带给孩子的阅读感受。整个故事很简单，写狐狸一家受到生命的威胁，狐狸爸爸没有放弃一点点生存的机会，用自己的智慧解救了自己，带领全家摆脱了困境，而且让很多小动物和他们一起享受到了生活的富足和快乐。

　　《了不起的狐狸爸爸》是典型的外国文学作品，因为它塑造的爸爸形象是亲切的、人性化的，而且具有英雄主义色彩。同中国的正统爸爸不一样，狐狸爸爸诙谐、幽默、勇敢，同时又充满智慧。狐狸爸爸以弱小的躯体对抗强大的武器（猎枪、挖掘机等），也许他的内心也曾有过恐惧，但他很快就能够冷静地面对发生的一切。这很容易让爸爸们对号入座：我是不是像狐狸爸爸一样？我能不能做到狐狸爸爸那样？中国的正统爸爸对自己的孩子只有教化，没有教育。上一代的爸爸们能够用棍棒树立他们的威严，因为他们有理论支撑——"棍棒之下出孝子"，从某种意义上讲，他们是成功的，无论他们本身怎样，他们的威严还在。我小时候，不但自己不敢直呼老爸名字中的任何一个字，如果小伙伴有意无意地说上一个字，我也要和他拼命，来维护老爸的尊严。现在呢，孩子们已经可以若无其事直呼老爸的名字，你冲他瞪眼，他还一副委屈的样子。我们再也不可能像老一辈爸爸们那样在家里说一不二，除了服务第一外，再也不能在家里享受什么特殊待遇。尤其是在对待孩子上，爸爸们刚想摆出威严教导几句，妈妈们来一句："只知道说孩子，你自己做到了吗？"爸爸们就只能灰头土脸地长叹一声：唉，时代变了，做爸爸不容易了。这种情况下，这一代的爸爸们该如何面对和教育自己的孩子呢？我建议每一个爸爸都看看这本书，你会从狐狸爸爸身上学习到很多。

狐狸爸爸的了不起之处表现在很多方面：第一，勇敢。在尾巴被打掉一截时，在洞穴马上被挖开时，在人家的仓库中时……狐狸爸爸表现出了非凡的勇气。第二，智慧。狐狸爸爸的本领除了他本能的"闻气味、辨方向"以外，还有他对三个猎人的深入了解，了解他们心里在想什么，将要做什么。第三，大度。狐狸爸爸能体贴别人，他自己拥有很多食物，就会拿出来分享，让所有受难的动物都可以吃到食物，都可以享受生活的美好。第四，负责。狐狸爸爸始终让自己的孩子跟在身边，没有因为孩子幼小就让他们放弃责任而坐享其成。

虽然面对孩子的任性，我们不能放任，面对孩子的无礼，我们不能视而不见……但是，面对孩子的成长，我们更多的是要微笑面对他们做出的不妥行为。微笑面对，才能心平气和；心平气和，才能平静；平静，才可能富有智慧；有智慧，才会有真正的微笑。这是一个有趣的、良性的循环。

要以自身的努力摆脱当爸爸左右为难的困境。学习狐狸爸爸，爸爸们的人生难题就可以解开了。爸爸是男孩心中的偶像，是女孩心中的大树，孩子们在用直通心灵的眼睛注视着爸爸的一举一动。爸爸不能太懒惰，不能太斤斤计较，要有智慧，最主要的一点——要负责任。除了承担对家庭的责任，还要肩负教育的责任，要用行动去教育，让孩子从小就学会分担家庭的一份责任，让他和你一起做事情，哪怕极小的事情。聪明的爸爸应该像对待大人一样对待自己的孩子，让孩子在和你共同劳动的过程中体会到劳动的乐趣，体会到家庭的责任，让负责成为孩子的一种习惯。孩子在尝试做一些小事的过程中，会发现把每件小事做好原来这么不容易，爸爸其实是很了不起的，只有了不起的爸爸才能获得意想不到的尊重。

这本书描写的是动物世界的故事，却能给人类世界带来很多启示。一个真正的男子汉是勇敢、智慧、责任、气度的统一体。

✑【阅读观点】

虽然面对孩子的任性，我们不能放任，面对孩子的无礼，我们不能视而不见……但是，面对孩子的成长，我们更多的是要微笑面对他们做出的不妥行为。微笑面对，才能心平气和；心平气和，才能平静；平静，才可能富有智慧；有智慧，才会有真正的微笑。这是一个有趣的、良性的循环。

聪明的爸爸应该像对待大人一样对待自己的孩子，让孩子在和你共同劳动的过程中体会到劳动的乐趣，体会到家庭的责任，让负责成为孩子的一种习惯。

快乐就好

——读《火鞋与风鞋》

刚看到《火鞋与风鞋》这个名字的时候，相信每一个读者都不容易猜到这本书究竟在写一个怎样的故事。看过后才发现原来作者讲述的是一个关于成长的故事。

迪姆是故事的主角，他的成长历程可以启发很多孩子。因为不同的孩子存在不同的"缺陷"，就会产生不同程度的自卑。迪姆是有"缺陷"的孩子。在他 7 岁生日的时候，他得到了一双新鞋，爸爸和他约定，假期将和他进行一趟特别的旅行。假期到来后，"火鞋迪姆"和"风鞋爸爸"踏上了流浪汉的旅途。几个月的流浪经历让迪姆清醒地认识了自己。回到家的时候，他已经不在乎别人叫他"狮子狗儿""小胖墩儿"，也不是以前那个经常哭鼻子的小男孩了。迪姆仿佛一下子长大了，旅行中的经历让他对怎样和人相处有了更多的认识，迪姆最终战胜了自己，找到了自我，找到了成长的快乐，更找回了自信与大度。

"贫穷"和"丑陋"共同压在一个 7 岁孩子的身上，这是作者为读者塑造的一个典型形象。如何对待"贫穷"与"丑陋"能折射出一个人的精神世界。迪姆的前后变化告诉人们，幸福的感觉只是和内心的感受相关。整个故事是积极向上的，迪姆的成长虽然不像丑小鸭的结局那样令人振奋，但是从迪姆的细微变化中，我们还是感觉到了生命本身的力量，那是我们每个人都应该寻找的心中的力量。

虽然"风鞋爸爸"只是一个鞋匠，他能送给儿子的生日礼物只是一双鞋子，但他的言传身教令人佩服。他有勇气带着7岁的儿子去"旅行"，他用一个个生动的故事教育孩子，同时用自己的豁达与坚韧激励着孩子。"风鞋爸爸"是个值得深入挖掘的形象。他是一个鞋匠，他的收入只够养活一家人，他的家虽然在大城市，但是只是一间地下室。这样的生活并没有让"风鞋爸爸"垂头丧气，相反，他每天都很快乐，甚至在做鞋子的时候还吹着口哨。正是他的这种乐观，给了迪姆很大的影响，总能让迪姆破涕为笑。在这里，爸爸是一种象征，一种人生态度的象征，一种人生境界的象征。

这本书的表述方式采用了"故事"和现实的漫游生活相结合的形式。"风鞋爸爸"讲的故事都和当时发生的事情紧密相关，而且，每个故事要说明的点也各不相同，但这些故事绝不是简单的说教，甚至有的故事读来令人发笑，每个故事不仅是要告诉迪姆某些道理，而且能够启发迪姆去反省，这种故事套故事的方式，很有意思。整本书的语言很有特色，除穿插了故事以外，还有一些歌谣，孩子们往往喜欢这样的语言，读来轻松甚至会过目不忘。

这本书既可以给孩子看，帮助孩子懂得如何认识自身，也可以给成人看，让成人知道应该怎样教育孩子。故事告诉我们，对孩子的教育，除了直接告诉某些道理和让孩子经历以外，更重要的是教育者自己要作出表率。迪姆的父母虽身处困境，但是积极乐观，把日子过得有滋有味，整个家庭充满温情，这样才影响了迪姆，才有了迪姆的快乐成长。

图画是这本书不可缺少的一部分。封面画色彩鲜艳，画面温馨，给人留下了深刻的印象。书中插图用笔简洁，给人留下很大的想象空间。阅读的时候，还要注意观察图中人物的神态，注意图文对照。

这本书讲述的故事积极向上，文字中充满了温情。作者用幽默的语言讲述了一个并不轻松的故事，但读者读起来并不沉重，尤其是父子的对话，有时更是让读者心生愉悦。迪姆一家的吃、穿、住、行并不是很好，通过文字，我们可以想象到迪姆一家人艰苦的居住条件，也可以体会到他们徒步旅行的艰辛，但他们对待生活的乐观态度，让人心生敬意。

✎ **【阅读观点】**

如何对待"贫穷"与"丑陋"能折射出一个人的精神世界。迪姆的前后变化告诉人们，幸福的感觉只是和内心的感受相关。

对孩子的教育，除了直接告诉某些道理和让孩子经历以外，更重要的是教育者自己要作出表率。

自由的精灵

——读《长袜子皮皮》

早就听说过《长袜子皮皮》这本书，因为原来的版本已经很难找到，所以一直没有读。后来，终于在书店寻到心仪的版本，如获至宝，一下子就抓在手里。

打开这本书细细品读，说实在的，有种"吓了一大跳"的感觉，林格伦女士给我们描绘了一个怎样的小女孩呀？"她头发的颜色像胡萝卜一样，两条梳得硬邦邦的小辫子直挺挺地竖着。她的鼻子长得就像一个土豆，上边布满了雀斑……她的又细又长的腿上穿着一双长袜子，一只是棕色的，另一只是黑色的。她穿一双黑色的鞋，正好比她的脚大一倍……"这就是皮皮，一个喜欢自己脸上雀斑的小姑娘。她认为雀斑越多越漂亮，她力气大得吓人，可以轻松举起一匹马，可以教训凶狠的强盗，可以轻而易举地把鲨鱼抛到远处，可以在任何地方玩各种惊险的动作，警察和卢森布鲁姆小姐根本不被她放在眼里，学校更是她经常嘲笑的地方。

长袜子皮皮完全是一个天外来客，而不是一个地球上的孩子，她颠倒了一切的是非标准，她不懂礼貌，她不讲卫生，她不爱学习，她不敬权威……可是所有的孩子都喜欢她。她乐善好施，给孩子们需要的糖果和玩具，她带领杜米和阿妮卡去进行各种冒险……相信所有的孩子看到这本书，都会马上喜欢上这个奇怪的小姑娘。

　　读着读着，我感觉长袜子皮皮不是一个孩子，更像是一个大人。她拥有足够的财富，可以满足孩子们的任何愿望；她拥有足够的力气，可以解决任何难题；她有足够的能力，总是能够化险为夷；她能想出各种办法让杜米和阿妮卡快乐；她可以让橡树洞长出汽水……杜米和阿妮卡是皮皮最好的玩伴，他们玩各种游戏，并能获得来自皮皮的帮助。皮皮就像一个小大人一样，善于聆听孩子的心声，知道这些孩子最需要什么，然后她还会想尽办法满足他们的愿望。从霍屯督岛回来，因为错过了圣诞节，杜米和阿妮卡都没有得到圣诞礼物，很不开心，第二天，皮皮便送给了他们最想要的礼物，而这一切仿佛都是无意而为。总之，孩子们所有的愿望在皮皮这里都能够实现——获得玩具，进行惊险刺激的冒险，在必要的时候得到保护！从这个角度而言，我这个做父亲的感到惭愧，皮皮更像一个称职的父亲。

　　读这本书的过程中，"彼得·潘""小淘气尼古拉""小王子"等形象不停地在我眼前闪过，我试图把他们与皮皮交叉或者重叠在一起，可是总是做不到。皮皮就是皮皮，她不是他们中的任何一个或者他们的集合。皮皮在大人眼里绝对是个淘气的孩子，可以说是对教育底线的终极挑战。她讨厌学校，也讨厌知识，她认为知识是没用的，她从不正面回答老师的问题，她甚至不为写不出"晕船"而感到难为情，她总是把"乘法"说成"剩法"，她还嘲笑小孩子没有学校就会哭得死去活来。她爱说谎，说起什么来都会不着边际，以至于听她说话的人都不知所云；她不懂礼貌，去赴杜米家的咖啡宴的时候，把事情弄得一团糟，而她自己还觉得已经在尽力了。我想，如果我是皮皮的家长，不到一天我就会疯掉；我若是皮皮的老师，一节课我也坚持不下来，我甚至会发誓不再做教师。

　　但是，皮皮究竟带给孩子们什么呢？除了刺激以外。

　　皮皮是善良的，皮皮是勇敢的，皮皮又是冒失的。看到皮皮，就让人想到人类的童年，皮皮应该是人类的孩子，是一个永远长不大的神话，她浓缩了人性的精华，她再现了人性的淳朴。每一个大人都是长大了的皮皮，大人是被社会规范禁锢的孩子。我想，皮皮才是真正的儿童，她是儿童真实的影子，是人类自由天性的结晶。

儿童喜欢幻想，他们总是在用自己的想象编织着各种形象，编织着各种故事，然而，在大人眼中，没有发生、没有看到的事实都是"假"的，于是孩子的很多想法就变成了"谎言"。于是，活在儿童世界中的孩子，在大人的"教导"中逐渐走向"真实"，走向真实的成人世界，走向肤浅的成人世界。

儿童喜欢自由，他们愿意自己去尝试，去探险，他们想用自己的方式去了解这个世界。然而，在大人们的不断告诫中，他们没有办法做自己想做的事情，丧失了探险的兴趣和勇气，孩子慢慢变乖了，但最宝贵的精神不在了。

儿童是喜欢学习的，但是学校里循规蹈矩的教学方式不一定适合所有的孩子，于是有一些孩子就没办法在学业上获得进步。慢慢地，他们讨厌学校，厌倦学习，而宁愿沉迷在游戏里。

儿童心灵的字典中更多的是平等，他们会像喜欢爸爸妈妈一样去喜欢一只小鸡，就像皮皮对待她的"尼尔松先生"（小猴子）和那匹马那样，在孩子眼中，万事万物都是一样的，甚至都是有生命的，然而大人们总是弄出很多规矩，分出很多等级。

在儿童的眼中，成人的话语是不好懂的，是充满着"谎言"的。然而，在成人的权威下，孩子只好屈从，慢慢地，这个世界上真正的孩子就只剩下了长袜子皮皮，不管是杜米还是阿妮卡都变成了爸爸妈妈的乖宝宝，他们不愿意探险，也开始过上那种循规蹈矩的生活。

让所有的儿童都成为长袜子皮皮，这只能是一个梦想。但用我们的心去关注儿童的心，用我们的行为去影响儿童的行为，还是能够做到的。长袜子皮皮有一个很好的父亲，就是那个长袜子船长，他总是能够尊重皮皮的选择。其实，不管是父母还是老师，尊重孩子的选择，尤其是这种选择和自己的想法不一致时，是一件极其痛苦的事情。然而，为了儿童的发展，需要这样做。

皮皮是一个自由的精灵，每一个孩子也都是精灵，他们需要爱，更需要自由！

在孩子眼中，万事万物都是一样的，甚至都是有生命的，然而大人们总是弄出很多规矩，分出很多等级。

不管是父母还是老师，尊重孩子的选择，尤其是这种选择和自己的想法不一致时，是一件极其痛苦的事情。然而，为了儿童的发展，需要这样做。

皮皮是一个自由的精灵，每一个孩子也都是精灵，他们需要爱，更需要自由！

狡猾与智慧

——读《狐狸列那的故事》

　　读完《狐狸列那的故事》，才知道原来很多关于狐狸的恶名都来自这只叫列那的狐狸。选入小学课本的《狐狸与乌鸦》的故事，只是关于狐狸列那的一次小计谋的记载。这本书中还有很多故事，列那把大灰狼捉弄得团团转，丢了火腿，丢了过冬的粮食，丢了半截尾巴，还差点儿丢了性命。森林里的所有动物都吃过列那的苦头，对列那恨之入骨，却又无计可施。这些故事读起来让人心惊肉跳，甚至产生畏惧感。列那除了对他的妻子、孩子们好以外，几乎所有的动物都要为他服务，被他捉弄。要是真的碰到一个像列那一样的人，该怎么办？这个念头一冒出来，我不禁打了个冷颤。人类世界中还是没有列那为好！

　　列那确实做了很多坏事：他在乌鸦爸爸和乌鸦妈妈的注视下吃掉了一只小乌鸦；在他的授意下，他的孩子把他带回家的兔子兰穆吃掉了。但是就像列那自己申辩的那样，"小乌鸦是以为我死了，想吃掉我的舌头"，而兔子兰穆竟然稀里糊涂到了列那的老窝里。

　　列那的做法，肯定算不上智慧，充其量就是狡猾，因为他在利用别人的弱点的时候也是在满足他自己的私欲。列那能一次次得逞，并不是因为他有多么过人的聪明，而是因为那些被他欺骗的人太糊涂。一开始，这些人都知道列那的为人，都对他存有戒心。但是，当列那把诱人的借口抛出来的时候，这些人就放下了戒心，竟然无一例外。列那屡试不爽的伎俩，让他在森林里为所欲为。其实，列那是抓住了所有人的弱点——贪婪、虚荣、自私。乌鸦为了展示自己所谓的美妙歌声，丢了奶酪；大灰狼依森格为了攀上一个了不起的亲戚，让列那吃掉了家里所有过冬的粮食；狗熊勃朗为了蜂蜜被夹在树的裂缝里；猫咪狄贝为了吃到老鼠，听了列那的话，中了圈套，差点被人打死。

孩子们读这本书，一定会感觉很好玩，因为里面有很多刺激的故事超出了孩子们的想象，这能带给他们美好的阅读感受。读完这本书，我在想，这本书的意义是什么？是带给我们好玩的故事？是让我们更加了解狐狸的狡猾？还是让孩子知道这个世界的险恶，从而心存戒心地生活？我想，一部伟大的作品，它的意义绝不仅限于此。

我们生活的这个世界，诱惑无所不在，骗子也无处不在。用算命行骗的，用信用卡行骗的，用手机短信行骗的……可以说，各种行骗手段真是千奇百怪、层出不穷。很多人在骗子简单的设计之下乖乖地中了圈套，醒悟过来，为时已晚。骗子行骗之所以能得逞，就是抓住了人性的弱点。骗子的骗术其实很简单，但只要人有了贪心、有了欲望，就有了被骗的可能性。再狡猾的骗子面对一个智者，也是无能为力的。真正的智慧是心灵的明澈，无欲无求，不贪图小利益，不贪图意外之财。

可以说，狐狸列那是骗子的祖师，列那一出世就捉弄了夏娃，害得夏娃跌进水里。而夏娃之所以跌进水里，是因为夏娃想用列那火红的皮毛做外套。从这层意义而言，作者是在告诉我们，自从人类有了一己私欲，骗和被骗就已经开始了。我想，作者把这些故事整理出来，并不是要教人们去痛恨狐狸，去小心像狐狸这样的人。作者是在关注人类本身，关注人性本身，告诉人们要更加注重磨练自己的心性，否则就会有无穷无尽的烦恼。就像佛家所言，烦恼皆由心生，内心的私欲就是折磨人的"心魔"，而骗子们利用的也正是这一点。

一本经典故事书的意义绝不在于用故事来说教，而是要通过故事引导人们用心关注人心，教人们去探寻智慧的根源。发现自己，完善自己，就是一种人生智慧。

　　再狡猾的骗子面对一个智者，也是无能为力的。真正的智慧是心灵的明澈，无欲无求，不贪图小利益，不贪图意外之财。

　　自从人类有了一己私欲，骗和被骗就已经开始了。

生命的真相

——读《小淘气尼古拉的故事》

　　《小淘气尼古拉的故事》一共有 5 本，可以说本本精彩。读后不禁感叹，法国作家勒内·戈西尼和漫画家让－雅克·桑贝竟如此了得，把儿童的言行和心理刻画得活灵活现。读着尼古拉的故事，我仿佛看到一个天真的自己，让我想到了我的童年，相信很多读者都会有和我一样的感受——怎么尼古拉的有些做法、有些想法和我的童年如此相似？

　　作者完全是在站在孩子的立场上创作的故事，通过讲他们的生活，他们的想法，他们眼中的大人，让人感受到什么才是孩子的内心世界。走进儿童的心灵世界是很难的，而作家戈西尼做到了。

　　这套书的写作很有意思，它就像一部摄像机在不断地转换镜头——尼古拉眼中的伙伴，尼古拉眼中的老师，尼古拉眼中的父母……

　　尼古拉的每一个伙伴都很有特点，比如，贪吃的亚三每次出场都在吃东西，而尼古拉每次都在用同样的话来介绍他的这位伙伴："亚三是我的伙伴，胖墩儿，老吃东西。"这样的语言不断在几本书中重复出现，而这种重复非但没有让人感到啰嗦，反而每一次都会让人忍俊不禁。其他的伙伴也是各有特点，寥寥几笔，人物形象具体可感，如在眼前。

　　尼古拉的老师有班主任，还有督学"沸汤"先生，而这位督学的每一次出场都伴随着混乱的场面，可以说，他所到之处，总是像沸汤一样。

尼古拉眼中的父母有时会让他感到很奇怪，因为他们总是为了很小的一件事情吵架。在对待尼古拉养蝌蚪的事情上，父母一个反对，一个赞成，但最终还是父亲让步，陪着尼古拉把蝌蚪放回了池塘。父亲总是跟邻居贝杜先生发生点小问题，这些小问题让人看到了男人之间的那种互不相让的关系，有时甚至是斤斤计较的。尼古拉参加夏令营，看到父母眼中的恋恋不舍，他都快搞不清究竟是谁要去参加夏令营了。

尼古拉和亚三偷偷抽雪茄的故事，让我想到了自己。我在八九岁的时候，也曾偷偷拿了一支香烟到外面去吸，结果刚吸了一口就被呛得咳嗽不止，就像书中描绘的情景一样。虽然我现在基本上不吸烟，但是小时候还是对大人的世界充满了好奇的。其实，人有某种习惯不是纯粹的个人行为，有时是后天环境和社会因素造成的，比如，长大后吸烟和小时候因好奇而尝试吸烟就没有必然的联系。所以，作为教师和家长，发现类似问题的时候没有必要如临大敌，对孩子而言，尝试一次，他就不好奇了，一切也就成了过去。成长就是在不断的尝试中进行的，儿童不可能生活在真空里，摒弃外界一切影响因素，要想让他们学会生活，还需要到生活之中。家长以宽容的心态对待孩子就是要给他们自己尝试、自己改正的机会。人生的道路上每个人都会做"傻事"，有些是可以避免的，有些是必然发生的，不必太紧张，坦然面对即可。

一个个让人发笑的故事，让人真切地感受到生活的真实，让人不禁感叹作家的伟大。但是，如果真的把这些还原为真实生活，又会是什么结果呢？如果我是尼古拉和他的伙伴的老师，我会怎样？如果我是尼古拉的父母，我会怎样？我想我也会像书中的父母和老师一样疲惫不堪的。为什么我们读的时候会发笑，而转变为现实会发怒呢？原因或许就在于读的时候我们是抱着宽容的态度来看待这些孩子的，我们会试着去理解他们，然后就可以轻易原谅他们。而在现实的世界中，真正地理解儿童、宽容儿童，尤其是顽童，却是很难的，一颗宽容的心是需要修炼的。每个人都有童年，也许我们的童年是不被宽容的，但是正因为如此，我们才不能去苛求孩子。孩子有时虽然顽皮，但是他们是善良的，他们能够以一颗真诚的心去对待成人，他们对待成人也总是抱以宽容的态度。

尼古拉的故事让我们看到了真实的生活，同时也让我们看到了生命的真相。人生不能重来，童年不可复制，成长不可代替，经历不可传递。让儿童经历真实的童年就是捍卫儿童的权益。真的感谢本书的创作者们，他们让我们看到了童年，让我们了解了儿童，更在无声中传递了一种信息——尊重儿童就是尊重生命，宽容儿童就是善待生命，发展儿童就是滋养生命。

> ✐ 【阅读观点】
>
> 成长就是在不断的尝试中进行的，儿童不可能生活在真空里，摒弃外界一切影响因素，要想让他们学会生活，还需要到生活之中。家长以宽容的心态对待孩子就是要给他们自己尝试、自己改正的机会。
>
> 人生不能重来，童年不可复制，成长不可代替，经历不可传递。让儿童经历真实的童年就是捍卫儿童的权益。
>
> 尊重儿童就是尊重生命，宽容儿童就是善待生命，发展儿童就是滋养生命。

心灵的赛场

——读《风之王》

　　《风之王》是获得 1949 年纽伯瑞儿童文学金奖的一部作品，作者是美国作家玛格莉特·亨利。这本书的主角是一匹马和一个男孩。在书的封面上题写着这样的文字："学会忠诚与坚守，才华终能展现！送给所有想证明自己才华的孩子！"

　　这是一个关于成长的故事，更是一则人生的寓言。我们在享受故事带给我们的震撼的同时，就像在照一面镜子，透过这面镜子我们仿佛看到了自己，也仿佛看到了我们的心灵。

　　书中描写了一匹名为"闪"的阿拉伯马，它出生在皇家马厩。它出生后不久，母马就去世了，是哑巴马童阿格巴用骆驼奶加蜂蜜把闪喂养大的。后来，闪被选中送给法国国王，结果没有被当成一匹好马，后来又辗转去了英国，在此期间它经历了很多磨难。但，是金子总会发光的。闪最后通过努力证明了它的确是一匹优秀的马，成就了英国拥有最高贵和纯正血统的赛马品种。这就仿佛是一个唐僧取经，经历九九八十一难最终修成正果的故事。

　　和闪始终在一起成长的还有马童阿格巴。阿格巴和闪一起度过了所有的困难时光。闪被当作拉车的马，在冰天雪地中前行，阿格巴就跟在后面，我们可以想见他穿着单薄的衣衫在雪地中行走的艰辛；当车夫向闪施暴的时候，闪的痛苦就是阿格巴的痛苦；当柯先生出十五个金币把闪买下的时候，阿格巴马上跑过去解救压在柴车下的闪；当他们被放逐在沼泽的时候，阿格巴陪着闪一起生活在荒无人烟的沼泽地里。

阿格巴在这些痛苦与磨难中长成了一个小伙子。当他和闪出现在新市皇家赛马场的时候，所有的人都为他们喝彩，这是让生命辉煌的舞台。但又有谁知道他们曾经经历了多少痛苦与磨难呢？那是用语言无法形容的。他们能在磨难中成长，是因为他们一直在坚持，从没有放弃自己的梦想。闪有着奔跑的天赋，但是都被它矮小的身体、高耸的颈脊掩盖了，人们不认为这样的马能够跑得快。面对这种不认可，他们只有用实际行动来证明自己的能力。他们没有放弃任何一次机会，或者说，他们一直在等待机会，并没有因为沉重的苦难而放弃。

这是一部充满温情的作品，这种温情主要来自阿格巴和闪之间的关爱。书中对阿格巴的正面描写很多，都是在写他的行动，因为他是一个哑巴。阿格巴对闪的关爱就如同亲人一般，他用心地为闪做着一切事情，他为闪的命运担忧，他从不考虑自己。他能把闪的毛刷得整整齐齐，为了保护闪的脚，他在闪的蹄子里塞满泥巴，他把节约下来的东西给闪吃。阿格巴对闪的关爱不仅仅限于生活中的琐碎事情，他更关心闪作为血统高贵的马的前途，他保留它的血统证书，想用行动来证明闪奔跑的能力。

除此之外，在阴冷的前进路上，总有一丝阳光射入。如果没有那些好心人，阿格巴和闪究竟是怎样的命运都难以预料。当闪出生的时候，马厩总管阿奇先生放下了举起的刀，使闪得以活下来；卖骆驼奶的阿拉伯商人无偿为闪提供骆驼奶，虽然是为着他的不可知的利益目的；收留他们的柯杰若和他的佣人考太太对他们很好，考太太经常给他们好吃的，就因为考太太去看他，阿格巴才从监狱里放出来；还有红狮客栈的老板、公爵夫人、伯爵先生……这些人对阿格巴的好就像阳光照在他的身上，给他以温情，给他以力量。

闪始终没有放弃证明自己。它拉过车，它曾经奄奄一息，但是它始终保持着一匹优秀的马应该保持的倔强个性。在皮鞭的抽打下，在怒骂与呵斥中，在有声无声的折磨中，它的皮毛灰暗了，它的身形消瘦了，但是，它的精神没有垮。当它看到那匹母马的时候，它冲出了马房，与那匹高大的被称作"恶魔"的雄马搏斗，它取得了胜利，但也因此被发配到沼泽，还牵连了它的伙伴阿格巴。这是一种什么力量呢？是源于它的血统，还是源于它的心灵？

阿格巴始终没有忘记自己的责任，无论是在怎样的情况下，他都努力和闪在一起，尽自己所能为闪做事情。当闪去世以后，他的使命也完成了，他立刻返回了摩洛哥。他的忠诚还不仅在于此，他牢记自己的责任就是证明闪是一匹优秀的马。他抓住一切机会，让闪去表现，甚至把自己本可以拥有的美好生活抛在了一边。

这是彼此的忠诚，也是对自己梦想的忠诚。忠诚不是等待，是为了梦想而追寻的脚步。

这本书给我们展示了一个赛场，让我们看到了一场又一场关于速度与耐力的比赛。确切地说，这更像是展现意志与坚持的比赛，这个赛场充满了竞争与矛盾，在坚持与放弃之间作出艰难的选择，就是心灵的比赛。在心灵的赛场上的输赢决定了在人生道路上的输赢。

永远不要放弃梦想，不论是在艰难之中还是在幸福之中，为了梦想，不要停下前进的脚步，比赛的过程就是在追逐梦想。在人生的赛场上，每个人都有机会成为"风之王"。

✎【阅读观点】

这是彼此的忠诚，也是对自己梦想的忠诚。忠诚不是等待，是为了梦想而追寻的脚步。

永远不要放弃梦想，不论是在艰难之中还是在幸福之中，为了梦想，不要停下前进的脚步，比赛的过程就是在追逐梦想。在人生的赛场上，每个人都有机会成为"风之王"。

神秘的怪兽

——读《尼瑙克山探险》

《尼瑙克山探险》是美国作家纳塔莉·巴比特的作品。这本书很薄，故事也不复杂。神秘的怪兽之吼，是探险的起因。尼瑙克山是一座神秘的山，虽然曾经有人把它所在的迈墨斯山脉称作"鼹鼠丘"。尼瑙克山的神秘在于 1000 多年来，常年笼罩在山顶的云雾和下雨时从山上传出的怪兽吼叫。怪兽并没有给脚背村带来多大的不幸，反而让脚背村成了远近闻名的集市，赶集的人们都盼望着下雨，盼望能听到那既让人恐惧又让人兴奋的"尼瑙克山怪兽之吼"。

弄清怪兽底细的有两个人，一个是奥特叔叔，一个是小男孩伊甘，他们都爬到山顶，看到了发出吼叫声的喷泉，伊甘还用石头堵住了喷泉的出口，致使怪兽的吼声停止了一会儿，后来石头被积聚的热气冲开。当人们找到伊甘的时候，伊甘迫不及待地说出怪兽吼叫的真相，但是所有的人都不相信他。这让我想起《皇帝的新装》，当一个小男孩说出国王什么也没穿的时候，所有在场的人都呼应了，大家都赞赏那个敢于说真话的男孩。可是在这个故事中，情况却完全相反，大家宁愿相信有一只令人恐惧的怪兽，也不愿意相信伊甘。这究竟是为什么呢？

书中有两段耐人寻味的话。"我一直想凡事探个究竟，做一个明白人，一个聪明的人，可是我也没有因为获得事实真相或真理而快活多少。"这是奥特叔叔说的话，因为他一直在探究真相，但是在别人的眼里他是一个和大家不一样的人，是一个疯子，人们都在为他的执迷不悟而感到惋惜。那究竟谁更令人惋惜呢？一下子还真说不清楚。村民们不知道真相，但是生活得很快乐，奥特叔叔发现了真相，对他而言是满足的，但是他并没有因此而快乐起来，他宁愿一个人躲在山顶，这种孤独的生活是一般人不能忍受的。还有伊甘，他一遍遍地诉说真相，可是看着大人们漠然的反应，他只能慢慢地自己思考。在回家前，伊甘依然在思考为什么大家都不相信事情的真相这个问题，安森叔叔对伊甘说了一番话："我觉得，无论是有怪兽还是没有怪兽，都没什么大不了的。关键是你自己愿不愿意相信有怪兽这么一回事。只要你已经说服了自己有或是没有，就不会再被周围发生的事情所动摇了。"是啊，有没有怪兽对现实的生活没有多大影响，重要的是内心要平和，内心的矛盾冲突才会使人不得安宁，比住在山上的怪兽更难驱除。

世界是什么样的，不在于它表现出什么，而在于我们看到了它的哪些表现。每个人看到的世界，其实就是他自己内心的反映。真相是什么？除了用眼睛能够看到的，还有用心能够体会到的，在内心认可的。比如，霍金在《时间简史》中提出了"科学的论断"，但是后来他又修正了自己的观点。再如，有一种说法是美国第一任总统华盛顿死于放血疗法，那时候医术顶尖的医生一致认为，把人体内的血放出去一部分，能够治疗疾病，结果有很多人在治疗过程中死亡。这种疗法在现在看来无异于谋杀，但是在当时就是合法的并且是合情合理的。在这个世界上被人们内心认可的真理才是真理，否则就是谬误。科学的发展，一方面是技术的发展，另一方面就是人的内心的发展，人心的发展往往决定了技术的发展。

"世界上最宽阔的是海洋，比海洋更宽阔的是天空，比天空更宽阔的是人的心灵。"人的心灵很大，可以囊括宇宙万物，有时候又很小，盛不下一点儿陈芝麻烂谷子的小事。人的念头就像一只怪兽，当你没有动念头的时候，怪兽是关在笼子里的，安安静静的，但只要动了某种念头，比如说想吃一样东西，比如说想买某一本书，那怪兽就会冲出牢笼，左突右冲，直到有所安顿，或者是得到满足，或者是被撞得头破血流，它才会安静下来。从这种角度来说，人的心灵不就是变幻无穷的神秘怪兽吗！

✎ **【阅读观点】**

世界是什么样的，不在于它表现出什么，而在于我们看到了它的哪些表现。每个人看到的世界，其实就是他自己内心的反映。

在这个世界上被人们内心认可的真理才是真理，否则就是谬误。科学的发展，一方面是技术的发展，另一方面就是人的内心的发展，人心的发展往往决定了技术的发展。

有家的感觉真好

——读《木偶的森林》

　　《木偶的森林》是我的作家朋友王一梅的一部作品，我读了不止一遍。读完这本书，印在心底的是两个字——回家。

　　此时，我正独自一人坐在异乡车站的长椅上，等待回家的列车。刚刚挂断儿子打来的问候电话，他问我这两天怎么样，听着他稚嫩的声音时我还没有什么感觉，挂断电话，家便在我心中无限地放大。我这才知道，起初我只是读了这本书，却没有读懂。有段时间甚至固执地认为，我的作家朋友又在谈论一个尽人皆知的话题，那就是人与自然应该和谐相处……我一直抱持着这个观点。直至今日，机缘巧合，我才觉得自己懂了。

　　森林是木偶的家。为了家，木偶人罗里哀求过，痛苦过，伤心过，冰冷过，残忍过……然而他终究在善良的指引下，回到了自己的家。小熊白黑黑回家了，与爸爸妈妈在一起；兔子阿德回家了，与兔子小姐在一起；木偶人罗里回家了，与他的树墩在一起……狮子毛毛、大象班班都已经拥有了家，为了这个家，他们宁愿忘记过去，因为他们就在家中。

　　城市是现代人的家。在这个布满钢筋水泥的丛林里，现代人只有奔波和忙碌。忙碌的人们就如同是被某种魔法控制着，从早晨起床直到晚上休息一直忙碌，就好像已经有人为自己设定了程序，只能按规定的程序行事，如同没有自由的木偶一般。"我从没想过自己有妈妈。"这是被施了魔法的小熊白黑黑的话，忙碌的人们是不是也已经忘记了自己有妈妈？我们总是抱怨自己很忙碌，而这些忙碌只说明自己走过很多路，到过很多地方。我们总是因为忙碌，很少给家里打电话，对父母，对家庭，所能够回忆的，所能够奉献的，仅仅是遥远的童年，留给家庭的，仅仅是忙碌的背影和疲倦的笑容，就像忙碌的熊先生一样，带给家人的只有等待和牵挂。所有的所谓成就都是牺牲了和家人的交流来完成的，到最后著作等身又能说明什么呢？难道来到这个世界，只是告诉别人我曾经来过吗？功名和亲情究竟需要什么来平衡呢？

小熊白黑黑曾经说过："舞台就是我的家。"现在的我们是不是也在重复着"工作的场所就是我的家"。人类的家园在哪里？城市还是乡村？人类的精神寄托在哪里？除了工作和忙碌，除了奔波和劳苦，除了休闲和漫步，除了吃饭和跳舞，人们还能做些什么？爱心被贪婪淹没，善良被物欲填充。善良的人类曾经诗意地栖居在大地上，而今天，人们已经找不到回家的路，已经忘记了过去的美好和满足。木偶人罗里返回了森林，他感觉自己还是一棵树，忙碌的人们返回自然，也会发现自己是一个人。

我的作家朋友在用她的童话故事给现代忙碌的人们一个温馨的提示：不能因为生活的忙碌而忽略对家的眷注，不能因为别人的错误而让所有的同类走上歧途。她在用一个故事表现她对现实生活的一种态度，她在呼唤：让善良、责任、爱心在人们的心中永驻！

童话的结局是美好的，因为所有的人都找到了家。而现实是那样的柔软，又是那样的顽固，生活的惯性让我们看不清眼前的迷雾，我们为什么而高兴？我们为什么而痛苦？除了工作和活着，究竟还有什么能留给自己？

作者给了我们一个没有答案的答案。不管你身在何处，不管你是否幸福，只要心中有家，你就会找到它，感受它，亲近它。家在每个人最柔软的地方——内心。在忙碌的时候，不要忘记时常抚摸那块地方，那块容易让我们感动、让我们想念、让我们流泪的地方。

给自己一个家，在这个家中可以任意而为，在这个家中可以低吟轻唱。给心灵一个家，就像把马儿放在牧场，让心灵安静地徜徉在家的牧场，让心飞过现代都市，飞过满目繁华，静静地在家的怀抱中躺一躺。

有家的感觉真好！

✐【阅读观点】

忙碌的人们就如同是被某种魔法控制着，从早晨起床直到晚上休息一直忙碌，就好像已经有人为自己设定了程序，只能按规定的程序行事，如同没有自由的木偶一般。

不能因为生活的忙碌而忽略对家的眷注，不能因为别人的错误而让所有的同类走上歧途。

家在每个人最柔软的地方——内心。在忙碌的时候，不要忘记时常抚摸那块地方，那块容易让我们感动、让我们想念、让我们流泪的地方。

向往英雄

——读《小兵张嘎》

《小兵张嘎》中的张嘎是一位家喻户晓的人物，多数人知道张嘎是通过电影或电视剧。拿到《小兵张嘎》这本书时，一种熟悉的陌生感扑面而来，通过文字去想象张嘎的样子竟然别有一番滋味。

《小兵张嘎》这本书吸引我的不是情节，而是语言。作者通过语言描写塑造了一位少年英雄，而这个英雄是活灵活现的，他的样子仿佛就是我们身边的某个"嘎小子"。这让我想到了我童年时代的那些小伙伴，他们可能学习不太好，但是他们热心，他们勇敢，他们敢上树，他们敢下河，他们敢于做自己想做的事情……小时候一起玩的那些伙伴，现在都已经为人父母了。回老家过年，看他们和所有上了点儿年纪的人一样，靠着墙根，或凭或立，谈些没有生趣的话题，早已经没有了少年时代的那股英气。这让我想到了《少年闰土》中的闰土曾经也是一个英俊少年，但是因为那个苦难的时代变得畏畏缩缩。我们这样一个时代，怎么也会出现这样的情形？也许是时间磨人吧，岁月让人丧失了雄心壮志，变得平凡乃至平庸。

我的那些玩伴虽然没有了当年的"英勇"，但毕竟还有好汉当年勇的时期。看看现在的孩子，他们的"英勇"又在何处？现代的中国孩子受到了空前的关注，家长、社会、媒体都对孩子关注有加，经济条件越好"关注"就越多，而这种"关注"多数是物质上的放纵、精神上的控制，表现在具体的生活中就是该管的不管，不该管的都管。飞速发展的经济已经把缓慢发展的教育远远地甩在了后面，以至于传统的教育方式已束缚了现在孩子的发展。不管在学校还是在家庭，以多次重复训练为主的学习方式仍占主导地位，以体罚和小红花为代表的教育方式仍占主导地位，家长、孩子、教师都无法从中摆脱出来。一方面是娇惯与放任，一方面是专制与堵截，在这个夹缝中生存的孩子该如何去实现他们的英雄之梦？

曾看到一篇题为《网瘾为何青睐中国孩子》的文章，文中说外国网瘾最重的是成人，而中国网瘾最重的是青少年，而这些青少年中绝大多数迷恋的是网络游戏。或许，正是某种外在压力，使得现在的中国孩子只能在网络游戏中实现他们的英雄梦，只有在网络中，那些少年才可以任意驰骋。"遥想公瑾当年……雄姿英发。羽扇纶巾，谈笑间，樯橹灰飞烟灭。"我们虽然远离了时势造英雄的伟大时代，但是孩子们那流淌在血液中的英雄梦依然会沸腾。面对这个时代，这样的孩子，我们该如何引领他们成为真正的英雄，让他们的血液中也流淌豪迈，让他们的胸膛中也装满正义，让他们在危难时能一显身手呢？

日本首相安倍晋三发表了不承认在亚洲强征妇女的讲话，整个韩国就沸腾了，很多人放下手中的工作，走上街头，去表达他们的强烈不满。我们的孩子们看到后会有什么表现呢？我不希望他们也走上街头，因为中国的人太多了，大家都用这样的方式来表达不满，那到处都会混乱不堪。但我希望他们不会沉浸在自己的事情中而对此漠然，他们的胸膛中应该响起一种声音——我要站出来。张嘎是那个时代成长起来的一个小英雄。我不希望听到孩子们说，"如果我也生活在那个时代，我也会和张嘎一样是个英雄"。因为我们知道，那个时代不会在我们身上重来，但是我希望在每一个孩子的心中都能有一颗英雄的种子，随时准备着，在危难之时能够挺身而出。

向往英雄是我曾经的一个梦，我相信有无数的少年也正做着他们的英雄梦。但是，英雄并不存在于虚拟世界里。家长、社会应该给孩子们更多的自由，让他们明白，在竞争激烈的社会当中，仍然有另一种意义上的英雄存在，那样的英雄也可以成为孩子们美好的梦想。

✏️ 【阅读观点】

　　现代的中国孩子受到了空前的关注，家长、社会、媒体都对孩子关注有加，经济条件越好"关注"就越多，而这种"关注"多数是物质上的放纵、精神上的控制，表现在具体的生活中就是该管的不管，不该管的都管。

　　英雄并不存在于虚拟世界里。家长、社会应该给孩子们更多的自由，让他们明白，在竞争激烈的社会当中，仍然有另一种意义上的英雄存在，那样的英雄也可以成为孩子们美好的梦想。

踏进诗歌的大门

——读《千家诗》

传统教育中因比较实用而著名的蒙学读物为"三百千千"，即《三字经》《百家姓》《千字文》《千家诗》。《千家诗》自出版以来，受到历代蒙学（相当于现在的幼儿园和小学低年级）的重视，是中国传统教育的蒙学读物的代表之一。

现在看到的《千家诗》是由宋代谢枋得《重定千家诗》（皆七言律诗）和明末清初的王相所选《五言千家诗》合并而成的。前面的"三""百""千"是为儿童识字用的，虽然编排时也按一定的节奏和韵律，但主要任务还是识字。而《千家诗》则是为了对儿童进行诗歌教育编著的。"千家"的意思就是多家，作者选编《千家诗》的时候，没有按照诗人的顺序来排列，而是按照诗歌描绘的内容来排列，让读者在阅读的时候容易对比，容易发现不同诗人的写作风格。儿童通过阅读、背诵这些诗，可以对诗歌形成感性的认识，积累一定的诗句。通过多家对比，可以发现诗歌写作的规律，为以后的学习打下基础。

《千家诗》选入226首诗，不少是唐代和宋代著名诗人的名作。包含"七言绝句""七言律诗""五言绝句""五言律诗"四部分。其中所选诗作，基本都是浅显易懂的，读这些诗不需要太多的注释就能读懂。现行小学语文教材中的多数诗歌都能在《千家诗》中找到，如《春日》

《绝句》《清明》《游园不值》《送元二使安西》《枫桥夜泊》《寻隐者不遇》等。读到自己熟悉的诗，要停下来看一看，看在这本书中对诗歌的解释有什么特别之处；没有读过的诗就要读一读，看能不能读懂，喜欢背诵的就要背一背。读了一些，背了一些，再去探索一下，什么是"绝句"？什么是"律诗"？先不去查阅资料，自己对照着书中的这些诗，总结一下绝句和律诗的特点，然后再对照相关资料看自己总结得怎么样。

《千家诗》中所选的诗歌题材多样，有山水景物、赠友送别、思乡怀人、吊古伤今、咏物题画、侍宴应制，较为广泛地反映了唐宋时期的社会现实，无论哪个时代的人阅读，都能起到借古通今的作用。也正因为有这些特点，《千家诗》在民间流传非常广泛，影响也非常深远。我们读这些诗歌，可以跟随作者去重现一下当时的场景，去体会作者当时的感情。诗歌的阅读，既能欣赏优美的语言，又能借助语言产生无限的遐想。

《千家诗》曾经影响了一代又一代的中国儿童，从这个角度而言，《千家诗》所承载的中国文化也是代代流传的。所以，在阅读这本书的时候，不要忽略其文化价值，这些文化价值蕴藏在这些诗歌中，传递情感，表达思想，是需要我们思考和接纳的。

有些学者批评《千家诗》，因为在他们看来，这里面选的诗歌不精致，有的诗歌文学水平太低，不值得选进来。其实，这些学者忽略了一点，这本《千家诗》是选给儿童看的，儿童需要阅读一定数量的诗，才能对诗有感觉，才能发现诗的语言规律。

✎【阅读观点】

《千家诗》所承载的中国文化也是代代流传的。所以，在阅读这本书的时候，不要忽略其文化价值，这些文化价值蕴藏在这些诗歌中，传递情感，表达思想，是需要我们思考和接纳的。

这本《千家诗》是选给儿童看的，儿童需要阅读一定数量的诗，才能对诗有感觉，才能发现诗的语言规律。

哲学的味道

——读《蔡志忠古典漫画：老子说·庄子说》

老子和庄子是中国著名的思想家，是中国道家学派的代表人物。老子的主要思想集中体现在《道德经》一书中，庄子的主要思想集中体现在《庄子》一书中。老子和庄子的思想是我国传统哲学的起源之一，也是我们这些现代人思维方式和行为方式的重要基因。

阅读原版的《道德经》和《庄子》对小学生来说是比较困难的。这本《蔡志忠古典漫画：老子说·庄子说》，以漫画的形式讲述了老子和庄子的思想。其中有老子和庄子的生平故事，通过这些故事，我们可以了解老子和庄子是哪个时代的人，他们的一生大概是怎样度过的，他们主张什么，不主张什么。

这本书中，蔡志忠挑选了《道德经》和《庄子》中的一些篇章，用漫画的形式表现出来。"老子说"以图画故事的形式对《道德经》原文进行解读；"庄子说"以图画形式对《庄子》中的故事进行表现。《道德经》五千言，言简意赅；庄子擅长讲寓言故事，把深刻的哲理蕴含在故事中。蔡志忠用漫画形式对两本书的内容进行表现，同时配以简单的文字，可以说，是进行了再次创作。这本书读起来很有味道，因为图画传递了文字不能完全传递的信息，读者读后会留下深刻的印象。

哲学并非深不可测、不可理解，相反，真正的哲学是孩子都能读得懂的。所以，读这本书，不用担心读不懂，怀着欣赏的态度来读就好。"子非鱼，安知鱼之乐"讲的是惠子和庄子站在桥头，看到水中的鱼儿而发生的一段对话。"你不是鱼，怎么知道鱼的快乐？""你不是我，怎么知道我不知道鱼的快乐？"这样的对话不是很有意思吗？读完后，停下来想一想，我们是不是也在很多时候提出过这样的问题呢？这些问题就是哲学的思考。哲理就蕴含在平常的生活小事中，老子和庄子一直在告诉我们这些。

这本书故事性较强，虽然不是一个连贯的故事，但是每个故事都很有意思。像大家熟悉的"螳螂捕蝉，黄雀在后""螳臂当车""邯郸学步"等成语都出自《庄子》中的寓言故事。书中还有一些历史名人的故事，有些故事是真实的，有些是庄子借用来讲故事的。比如，《庄子》中多次提到孔子的故事，而这些故事的真实性就很难说。因为当时庄子对孔子的学说有很多不认同的地方，就想办法和孔子进行学说辩论，通过故事来驳斥孔子的学说，也是庄子辩论的一种方式。当然，真实的情况到底如何不是今天我们研究的重点，只要能够在故事中获得乐趣，明白人生的哲理就是收获。

这本书用了特有的"漫画语言"，比较适合小学生阅读，所以在阅读时不用过于强调文字，不必要求记住文字，让孩子按照自己的喜好来阅读就好。只要读了以后能有所感觉，能够露出微笑来就可以。

对有些孩子而言，这本书还是有阅读难度的。有难度并不能说明这本书不应该读，孩子可以和父母一起读，读一段时间就会适应这种难度的书，然后就可以自由阅读。阅读有点难度，才会促使人思考。

阅读一段时间，应该有必要的交流和讨论，家长和孩子可以模仿书中的人物对话，可以讨论一下阅读的感受，也可以交流哪里读不懂。不一定都要读懂，似懂非懂，有时反而会激发人不断地思考。

相信这本书会把思考带给读者，思考就是哲学的味道。

老子和庄子的思想是我国传统哲学的起源之一，也是我们这些现代人思维方式和行为方式的重要基因。

哲学并非深不可测、不可理解，相反，真正的哲学是孩子都能读得懂的。所以，读这本书，不用担心读不懂，怀着欣赏的态度来读就好。

品尝生活的滋味

——读《出走的泰奥》

　　《出走的泰奥》是德国作家彼特·赫尔特林的作品。这本书讲述的故事的结局虽然是令人高兴的——出走的泰奥回到了家中，过上了和原来一样的生活，但是整本书留给读者的感觉却并不是那么轻松，总有一丝隐隐的沉重堆积在心头，怎么也拿不掉，就像这本书的扉页上泰奥的眼神。他的眼睛注视着远方，也注视着读者，更注视着一个成人的世界，那目光把我们看得找不到方向。

　　泰奥出走，是因为家中的父母吵闹；父母吵闹，是因为那些永远也推不掉的社会压力，永远也发不完的火气。泰奥感到没有温暖，泰奥觉得无法倾诉，因为大人们让他做的都是大人们希望他做的。他总是被忽视，总是被要求，总是被指责，所以泰奥出走了。虽然经历了"一夜惊魂"，虽然经历了"科隆风雨"，但是，家中丝毫未改变的状况让他选择了第二次出走。泰奥出走都遇到了什么人呢？遇到一个让他依恋的咹咹老爸，一个让他觉得可靠的司机凯玛尔，几个能和他同吃同玩的孩子。还有呢，一个很坏很坏的杰克，两个很坏很坏的杰克的团伙成员，还有一个变态狂。这些并不是作者的故意安排，这个世界总是好坏并存的，不会只有坏人没有好人，也不会只有好人没有坏人。

　　能够看透泰奥心思的咹咹老爸是泰奥最依恋的一个人，也是他第二次离家出走的原因。哎哎老爸能够给泰奥什么呢？哎哎老爸没有金钱，没有舒适的家，也没有像样的衣服，能给泰奥的只有平等。哎哎老爸会付给泰奥辛苦费，看出他是离家出走却没有点破，像对待一个大人一样对待泰奥，这样的尊重让泰奥相信哎哎老爸。可是，泰奥的爸爸为什么做不到这一点呢？他的妈妈似乎也不行。是他们不够爱他吗？不是的，是爸爸妈妈一直把他当成小孩子，在很多事情上就无法做到真正的尊重。这也给所有的爸爸妈妈提了个醒，孩子不管有多大，都应该像对待一个大人一样对待他们。听他们讲话，听他们唱歌，也听他们哭泣，听完不必问为什么。孩子需要的是被尊重，而不需要刨根问底的调查。这本书里还有一个人做得不错，就是瘦瘦高高的罗塔尔，他好像什么都不知道，但是他知道如何跟孩子打交道，这一点让泰奥接受了他。

"葡萄酒并不全是甜的，生活尤其是这样。"这是哎哎老爸对泰奥说的，也是作者对所有的读者说的。生活不是按照一个人的喜好来设计的，处在社会中的每个人都需要面对自己的"不喜欢"。孩子们在不喜欢的时候，总是噘噘嘴，打打滚；男人们在不喜欢的时候，总是喝喝酒，发发火；女人们在不喜欢的时候，总是发牢骚，掉眼泪。这就是生活，生活给我们酸的葡萄酒，也允许我们在喝下酸的葡萄酒的时候，表示我们的不满。

告诉孩子们，孩子有孩子的世界，大人有大人的世界，这两个世界本来就是一个世界，需要大人和孩子相互理解。大人应该关注孩子噘起的小嘴，孩子也应该看到大人无奈的眼神。只有大人和孩子相互包容、相互理解，这个世界才能够真正地充满快乐，那些让人不喜欢的事情才会随风散去。

不用出走表达自己的不满，不用反抗表示自己的成长，用坦白的态度、用自己的语言告诉大人我要什么，我喜欢什么。

当爸爸对你吼叫"像个正常人，不许油头滑脑"的时候，爸爸其实是在说，把你的聪明用在正当的地方；当妈妈数落你"这样下去，没人会把你当回事"的时候，妈妈其实是想说，你长大了，应该学会控制自己的语言和行动了。大人的声音也需要孩子用心去倾听，因为这个世界上，没有父母不爱自己的孩子。相信这一点，孩子们就会发现，其实爸爸妈妈不发火的时候是可爱的，发火的时候也是可爱的，因为他们心中装着的不是自己，而是孩子。

相信父母，相信家庭，相信自己，和父母一起享受来之不易的人间真情。

✐【阅读观点】

孩子不管有多大，都应该像对待一个大人一样对待他们。听他们讲话，听他们唱歌，也听他们哭泣，听完不必问为什么。孩子需要的是被尊重，而不需要刨根问底的调查。

这就是生活，生活给我们酸的葡萄酒，也允许我们在喝下酸的葡萄酒的时候，表示我们的不满。

不用出走表达自己的不满，不用反抗表示自己的成长，用坦白的态度、用自己的语言告诉大人我要什么，我喜欢什么。

大人的声音也需要孩子用心去倾听，因为这个世界上，没有父母不爱自己的孩子。相信这一点，孩子们就会发现，其实爸爸妈妈不发火的时候是可爱的，发火的时候也是可爱的，因为他们心中装着的不是自己，而是孩子。

蓝色的生命之歌

——读《蓝色的海豚岛》

　　《蓝色的海豚岛》是美国作家斯·奥台尔的作品，这是一本专门写给孩子的书，但对大人同样充满着吸引力。因为这本书的每一个角落都弥漫着一种情怀，一种人类特有的情怀。

　　这本书我是一口气读完的，因为太吸引人了。这本书讲了印第安小姑娘卡拉娜在海豚岛生活了 18 年的故事。

　　故事是离奇的，但每一步又在情理之中，让我们的心随着故事的发展而起伏。整个族群的迁移，是因为生存受到了掠夺者的威胁；卡拉娜留下来，是因为她的弟弟拉莫不在船上；卡拉娜变成一个人，是因为 6 岁的弟弟拉莫在和野狗的战斗中英勇牺牲了。最后，这个地方只剩下了卡拉娜一个人，她要独自面对所有的问题。她要有食物，就必须打猎，所以她要学习制造武器；她要抵御风暴，所以她要为自己建造房屋；为了离开这个地方，她要想办法为自己造一条独木舟……但最难面对的不是各种各样的困难，而是漫无边际的孤独，所以卡拉娜有了那只叫朗图的狗。

　　看完以后，我心中充满了对卡拉娜的敬佩，因为她靠自己的勇敢和智慧活了下来，我也为卡拉娜最后离开海豚岛而长舒了一口气。这个故事对我的吸引力还在什么地方呢？还有什么让我的心加剧跳动呢？又是什么让我有好多次想要流泪呢？我又一次拿起书，从头读起，结果我读出了卡拉娜的多重意义。

第一点，卡拉娜与亲人。卡拉娜崇拜她的父亲，了解父亲的任何举动的含义，可见她是多么爱她的父亲。她喜欢自己的姐姐，知道姐姐需要什么。她疼爱自己的弟弟，在大船即将驶离海岛的时候，她毅然跳下船，回去找弟弟，不管大船是否会等她。当弟弟一个人决定出去的时候，她像一位母亲一样思考："我吓坏了。我想到所有可能降临在他头上的危险……想到这些危险，我立即动身去追赶。在小路上没走多远，我就疑惑起来，我不让拉莫自己到峭壁上去，究竟是否应该。谁也说不好船什么时候回来接我们。在没来接以前，就我们两个在岛上生活。因此，跟大伙儿生活在一起时不同，我处处都要他的帮助，他应该早早儿成人才是。"这就是特定情境中卡拉娜这个 12 岁的小女孩的思考，她在大家刚刚离去的时候已经在思考未来。这其中充满了对弟弟拉莫的爱，充满了对拉莫成为一个勇敢的战士的期待。后来，拉莫被野狗咬死了，他死得很英勇，他杀死了两条野狗。卡拉娜很悲伤，她发誓要把野狗杀尽，为此还不分昼夜制作武器。

第二点，卡拉娜与先人。卡拉娜在无意中闯进了先人的石窟，洞里有 20 多个芦苇塑像，"塑像中间，坐着一个骷髅，它盘腿倚壁而坐，手指拿着一管鹈鹕骨做的笛子，举在嘴边"。这就是卡拉娜族人的祖先，他不知何时来到这个孤零零的小岛，他带给了整个族群生命，而他自己已经在这里坐了不知多少年。多少次艰难跋涉，多少次与苦难的斗争，都变成了不可知的往事，而他依然保持着一种悠闲的坐姿，吹奏着他自己的乐曲，仿佛在向他的后辈暗示着什么。是啊，无论多么艰难，人都应该悠然地面对。虽然卡拉娜没有读懂先人的昭示，这些塑像也让卡拉娜感到害怕，但也足以给她力量。一个人以怎样的姿态生活在这个世界上，他就会有什么样的生活。卡拉娜的生活其实是和先人的指引完全融合的，她用她的行动证明了她是优秀的。

第三点，卡拉娜与敌人。应该说，卡拉娜所有的苦难都来自那些"敌人"，那些掠夺者——阿留申人。他们杀死了她的父亲，他们逼走了她的族群，他们让她一直心存恐惧。然而，当有一天，一个阿留申女人走进她的世界，她们却很快成了朋友，建立了纯洁的友谊。她们彼此欣赏，互赠礼物，用互相听不懂的语言亲热地交流，她们分别时是那么难舍难分……敌人变成朋友，需要的是什么呢？是彼此的不伤害。没有伤害就没有对立，这个阿留申女人喜欢这个孤岛上的女孩，这个女孩也喜欢她。两个人都是寂寞的，在这个荒岛上，她们把彼此看作自己心灵的依托。

第四点，卡拉娜与动物。这本书写到很多动物——狗、海豚、海狮、狐狸……卡拉娜与这些动物有斗争，也有友情。"海象间的战斗""我驯服了朗图""朗图的尊严之战""驯养蜂鸟""勇捕大章鱼""喂养小海獭""朗图永远地离开了我""朗图－阿鲁"，这些都是主要写动物的章节。最让人感动的是"喂养小海獭"这一章中，卡拉娜用鱼喂养海獭，使海獭从不信任她到依赖她，即使是小海獭做了母亲，还记得她，并且把孩子带来跟她一起玩耍。这里描写的人与动物之间的感情足以让我们动容，心中那些最柔软的感觉都被唤醒了，让我们愿意去亲近这些动物，因为我们同样是生命，同样具有感情，虽然我们不属于同一个族群。最让人矛盾的是在"我驯服了朗图"这一章。朗图曾经带领其他野狗杀死了卡拉娜的弟弟拉莫，但后来却成了卡拉娜的助手和朋友。这里面没有敌我矛盾，朗图心中有着对人类的"忠诚"，所以当卡拉娜把它救活以后，它始终跟在卡拉娜身边，直至死去。

第五点，卡拉娜与自己。除了阿留申人来捕猎的日子以外，卡拉娜都是一个人生活在这个岛上。她时刻在与自己对话，她没有直接告诉自己要坚强，而总是在用实际行动去解决问题：怎样制作武器，怎样建造房屋，怎样躲避敌人，怎样好好生存……她没有抱怨任何人，包括恶劣的天气和令人恐惧的海啸。也许人类的祖先就是像卡拉娜这样生活的，他们不会抱怨自然的不公平，他们总是通过强大自己去改变自己生活的世界。

虽然卡拉娜生存下来了，但是她失去了很多——亲人、友情、群体的生活……是什么让她失去这一切的呢？是那些人对海獭的捕猎以及那些掠夺者的贪得无厌。血水染红了大海，对海獭的世界而言是多么残酷的现实，它们曾经是那么快乐地生活在属于它们的海草区。如果海獭也能记录历史的话，它们会怎样记述自己的历史？对人类又有怎样的记忆？经历过多次惨痛的教训以后，海獭已经在每年的这个时候开始了迁徙，它们已经知道如何应对人类的掠夺。人是自然中的一员，大自然中还有许许多多的种族存在，本书作者试图用这种特殊的方式告诉我们——人类应该怎样在这个生物家族中生存。

如果弟弟没有死去，如果族群不迁移，如果掠夺者不入侵……卡拉娜都不会变成这样一个人。但是这一切还是发生了。为什么会不可避免地发生呢？整个岛为什么要以"海豚岛"来命名呢？卡拉娜后来会怎么样呢？她能不能与白人世界中的人很好地相处呢？还有很多问题出现在我的脑海中，让我不停地问自己。相信每个人看了，都会提出不同的问题。

这本书是一曲生命之歌，一曲冷峻的生命之歌，歌颂的不仅是卡拉娜，还有海獭、海象等一切生物。这首歌应该时常唱起，以便唤起我们心中最初的生命的记忆。

✎【阅读观点】

一个人以怎样的姿态生活在这个世界上，他就会有什么样的生活。

也许人类的祖先就是像卡拉娜这样生活的，他们不会抱怨自然的不公平，他们总是通过强大自己去改变自己生活的世界。

奇妙的精神之旅

——读《爱德华的奇妙之旅》

《爱德华的奇妙之旅》是美国作家凯特·迪卡米洛的作品，文中插图的作者是美国的巴格拉姆·伊巴图林。这本书是图文结合的典范之作，美妙的旅程，美妙的文字，美妙的插图，读者可以随着这本书进行一次美妙的精神之旅。

看着这本书，也许会让你想起《苦儿流浪记》《汤姆·索亚历险记》，在心中把这几本书的主人公进行比较。

爱德华的旅程就是他的成长历程。书中多次提到爱德华的心，爱德华是一只用瓷料制成的小兔子，在他的体内并没有一颗真正的心，他曾经以极端的冷漠对待深沉的爱恋，而在被扔入大海的那一刻，他慢慢有了一些感觉，后来经历了很多事情，一直到最后他才懂得了如何去爱。现在的儿童生活在优越的环境中，享受着来自亲人的无微不至的关怀，而很多孩子把这些都当作天经地义的，对父母的爱没有丝毫感激之情，甚至以冷漠对待父母的关怀。如果我们没有一颗感恩的心，认为周围的一切都是专为自己设计的，别人关爱我们都是理所当然的，那就大错特错了。父母养育孩子，对父母而言是责任，对孩子而言是恩惠，不能因为天下的父母都爱孩子，孩子就觉得受之无愧。也许作者创作的初衷就是用爱德华来暗示这一点，但是其内涵和意义要比这一点更丰富，更深刻。

爱德华在失去了爱以后，才知道爱不是生来就有的，爱不是无缘无故的。他在被爱和不断被遗弃中，感受着人间的冷暖。可以说，一次次的离别，有时甚至是生离死别，让爱德华体验到被爱是幸福的，没人爱是孤独的。一只瓷兔子尚且有这种感觉，我们就更应该能感受到。但是，我们不能等待着被遗弃，经历痛苦的分别后才明白这种感觉，在这之前，我们就应该知道爱的珍贵。

爱德华即便明白了爱，他的爱也是被动的，因为他认为自己不能动，在爱别人的时候自己却无所作为，无能为力。确实，他不能动，他甚至脆弱到一碰就碎。这多么像一个孩子啊！孩子小的时候，就是脆弱的。父母尽心照顾孩子就是为了帮助孩子健康成长，可是因为照顾得太多，保护得太好，孩子没有经历该经历的事情，所以有的孩子长大了依然脆弱，就像一个一碰就碎的瓷娃娃。但长大了的孩子就不能再把自己当作瓷娃娃，即使父母因为爱而依然关怀着自己。爱德华应该勇敢起来，虽然他最后已经有了变化，但他还是没有主动去爱。一个人不能只是接受爱，享受爱，而应该主动去爱父母，爱身边的人。爱是需要行动的，爱不是瓷娃娃的纸上谈兵，爱是作为人的真实行动。

书中有很多富有爱心的人，当然也有几个特殊的、没有爱心的人。他们是谁呢？有不爱任何人最终变成疣猪的公主，有把爱德华扔进垃圾桶的洛莉，有把爱德华踢出车厢的列车员，有把爱德华钉在木桩上的老太太，还有那个只知道自己喝酒甚至放弃了自己生病的女儿的父亲，还有酒馆的老板，那个用刀子威胁布赖斯，把爱德华摔碎的高大的男人。这些人就是既没有爱也不会爱的人，这些人代表了现实生活中的一些人。作者通过这些人的言行敲打着读者的心灵。

这本书的插图很有特色。每一幅画面都很美，而且值得我们去细致地欣赏。观察一下他们的神情、他们的眼睛，你会觉得这些人就在我们身边，好像是我们熟悉的人。注意一下爱德华的眼睛，在第二章开始的那幅图上，爱德华的眼睛黑得很空洞，里面看不出有任何的内容和感情，但到后面，你会感觉到爱德华的眼睛中逐渐有了内容，有了光彩。

让我印象最深的三幅画面：渔夫劳伦斯和妻子内莉欣赏爱德华；萨拉·鲁思抱着爱德华听布赖斯吹口琴；布赖斯去玩具店看爱德华的背影。第一幅图让我觉出爱德华的幸福，因为他终于被解救了，而且两位老人都很喜欢"她"，这从他们的眼神就可以看出来。后两幅图让我的心紧缩在一起，甚至落泪了。鲁思那么喜欢爱德华，然而她的生命已经不能再延续，爱她的哥哥也没办法挽留她，爱对死亡而言也是无能为力的，这个金发的小女孩儿的命运牵动了我的心。只是在那一刻，她抱着爱德华的那一刻，听着哥哥吹口琴的那一刻，她感觉到了被爱的幸福。当看着温暖的阳光把玩具店照亮的时候，看着"高大"的玩具修理商和"矮小"的布赖斯，看着他手里紧紧抓住的口琴，我感受到了男孩儿无奈的内心，因为他已经没有权利拥有爱德华了。

再看看书前和书后的两幅图，前面的那张图中阿比林在给爱德华的怀表上弦，最后面的一幅图只是一块显示着三点整的怀表。这一前一后是不是也蕴含着什么呢？在开始的时候爱德华还不懂得爱，他的爱还需要被唤醒，还需要动力，而到了旅行结束的时候，他已经懂得爱了，可以自己运行了。看着这些比文字更丰富的画面，感受到画家在表达着更多更复杂的情感……好好看看每一幅图，能读出更多。

"心一次又一次破碎，生命在破碎中继续。一定要穿越那黑暗，愈益深重的黑暗，勇往直前。"

✎【阅读观点】

我们不能等待着被遗弃，经历痛苦的分别后才明白这种感觉，在这之前，我们就应该知道爱的珍贵。

一个人不能只是接受爱，享受爱，而应该主动去爱父母，爱身边的人。爱是需要行动的，爱不是瓷娃娃的纸上谈兵，爱是作为人的真实行动。

✎ **【阅读思考】**

1.读了这一章，作者提到的 17 本书，

你记得的书是 _____

以前你就读过的书是 _____

你最想读的一本书是 _____

17 本书中，哪些是中国作者的原创作品？_____

2.好书需要好好读，每一本好的儿童读物都能促进儿童的成长，试着从儿童成长的角度对这些书进行梳理。

书　名	对儿童成长的启示	成人的作用

3.哲学是什么味道的？小学中年级的学生该不该读哲学？如果可以读，应该怎样读呢？

✎ **【阅读行动】**

书是有时代限制的，但是经典的作品能够让不同时代的读者构建出意义。如何指导孩子阅读一些具有哲学意味的书？

阅读书目：_____
指导方式：_____
_____
_____
效果预设：_____
_____

第三章　黑暗中的一束光

沉甸甸的荣誉

——读《今天我是升旗手》

    《今天我是升旗手》讲述的是男孩肖晓的一段人生经历。肖晓像所有男孩一样对荣誉有着天生的向往。他曾经为了当上学校的升旗手而去做好事，可是他的愿望总是不能实现。不过这并没有打消肖晓成为升旗手的热望，最后他终于成了一名出色的升旗手。

    肖晓是当代男孩的一个理想化的代表。为了能像军人一样生活，肖晓迷恋各种武器装备模型；为了能像天安门前的升旗手一样升旗，肖晓独自一人跑到北京；为了给山区的男孩怀娃心灵的慰藉，肖晓用一双新旅游鞋换了一只刚出生不久的小狗；为了当上学校的升旗手，肖晓付出了很多努力……肖晓很有男子汉气概，他的执着、冷静、大度给人留下了深刻印象。整本书中洋溢着一种积极向上的力量，我仿佛和肖晓一起经历了心灵的成长，为肖晓最后终于成为升旗手感到欣慰和自豪。

    荣誉在男孩心中是至高无上的，他们会为了荣誉而付出一切努力。作家从儿童的角度为我们展示了儿童的内心世界。成人眼中的世界和孩子眼中的世界有着太多的区别，教师、家长能够理解孩子，但是不一定能读懂孩子，在他们眼中，孩子的有些行为是怪异的，是不可理解的。

    怎样才能走进孩子的世界？怎样才能让孩子为了荣誉而奋斗？肖晓不喜欢别人的帮助，很多时候都是自己想办法完成心愿。这也许和他的生活经历有关，他从小失去了母亲，也就失去了被宠爱的机会，他的父亲是一名军人，并且常以军人的标准要求他。所以在肖晓身上更多体现出一种独立精神，他把自己看成一个独立的、不依附父母而存在的人，他要为目标而努力。

对肖晓而言，荣誉是什么呢？荣誉就是一种尊严。要让孩子有尊严地活着，首先要让孩子知道什么是尊严。躺在父母的臂弯里，沉浸在父母的成就里，依赖着家庭的优越与富足，凭借着父母的地位和权力，这样的生活就是没有尊严的生活。活得有尊严，就是要用自己的智慧与双手创造属于自己的生活。现在的社会、家庭对孩子有着太多的庇护，很多孩子迷迷糊糊地就走上了父母为自己设计的道路。孩子没有机会经历自我奋斗，怎么可能具有自我奋斗的能力？当他们有一天需要用到自己的能力时，他们会发现，他们已经在父母的"圈养"中、在家人的庇护中学会了懒惰，学会了逃避，学会了不负责任，而丧失了生存的能力。有句老话："穷人的孩子早当家。"其实，并不是因为穷孩子才有了当家的能力，而是因为穷人家的孩子需要自己面对生活，在艰难的生活中学会生存的能力。

教育不是要培养行动上的"矮子"，所以无论是家长还是教师，都应该帮助孩子学会承担责任，让他们通过自己的奋斗完成任务。好学生林茜茜面对"升旗手"这个称号时的冷漠，让人不寒而栗。没有了生活热情的孩子是很悲哀的，其前途也是堪忧的。孩子对生活的热情是在被剥夺了思考的权利，被剥夺了自由行动的权利以后慢慢丧失的。生活方式已经被家长设计好了，当努力也是徒劳以后，孩子就学会了听命与服从。

教育是开发孩子潜能，培养孩子生活热情的事业，这需要教育者齐心协力，相信孩子能够通过自己的思考解决问题，能够通过自己的努力完成任务，能够用自己的方式处理生活中的问题。要让孩子学会感动，在获得荣誉的时候能够感受到那份重量，能够为之激动，能够受到鼓舞。

为荣誉而战就是追求有尊严的生活，愿所有的男孩都能像肖晓那样，勇敢、执着、自信、坚强……

荣誉在男孩心中是至高无上的，他们会为了荣誉而付出一切努力。

要让孩子有尊严地活着，首先要让孩子知道什么是尊严。

教育不是要培养行动上的"矮子"，所以无论是家长还是教师，都应该帮助孩子学会承担责任，让他们通过自己的奋斗完成任务。

孩子对生活的热情是在被剥夺了思考的权利，被剥夺了自由行动的权利以后慢慢丧失的。

成长的代价
——读《我要做好孩子》

　　《我要做好孩子》写的是一个名叫金玲的女孩的成长故事。成长应该是快乐的，然而读这本书，我的心隐隐作痛。一个本应该天真可爱的女孩，却在考试和生活的夹缝中求生存，为了大人的目标不断克服种种困难，只为了实现做一个"好孩子"的梦想。

　　现代孩子的成长包含了太多的无奈，他们的生活是被学校、家长对待考试的态度决定的。很多教师、家长都知道大量的、重复的练习会有损孩子的健康，但是为了孩子能拿到重点中学、重点大学的入场券，每个人又不得不残忍地剥夺孩子的一切，包括天性。那些稚气未脱的孩子，自己也在这种无奈中拼命地练习着，为了试卷上能有个好分数而不懈地努力着。分数和名次就是孩子生活的"晴雨表"，美好的心情、快乐的生活都来自高分数，否则就只有暗无天日的生活。孩子们在抗争，但是他们的呼喊总是被冰冷的考试和分数所淹没。究竟怎样才能让孩子学得轻松、活得快乐充实呢？这是一个困扰很多人的话题，现在还没有答案。到目前为止，还有很多孩子生活在这样的社会为他们设定的生活里，而且会有更多的孩子不断进入这样的生活。孩子从幼儿园进入另一个截然不同的学习世界，他们面对的将不是温柔可亲的家长、循循善诱的教师，因为教师和家长要为他们的前途负责，就必须关注他们的考试成绩。生活在考试里的童年是单调乏味的童年。

孩子总归是孩子，他们生活在一个他们无法改变的世界里，但是他们的大度、他们的创造性又令大人们钦佩。他们会寻找一切机会放松，他们会原谅教师和家长的无情，他们愿意靠自己的努力去换得好成绩，去换得教师、家长的笑脸、温情。因此，每一个孩子心底都有成为一个"好孩子"的美好愿望。只是，这个"好孩子"的标准不是他们自己设定的，而是家长在孩子出生以前就设定的。

作家黄蓓佳展示在读者面前的是一个沉重的话题，一个富有爱心、善良、具有责任感的成绩不是很好的孩子，我们应该怎样评判他？应该怎样对待他？这个话题让人左右为难。书中的小主人公金玲能够帮助那个无助的小女孩幸幸，能够为了一些蚕宝宝而满大街找桑叶……这让我们看到金玲那颗美好的心灵。

没有约束的教育不是最好的教育，没有引导的教育也不是最好的教育。"人之初，性本善"，孩子在他成长的路途上已经具备了先天的美好品德——善良、爱心、责任、信心、勇气……然而，随着家长关注焦点的变化，孩子也在悄然发生变化。很多家长都有一句"名言"："只要你学习好就行了，家里其他事情你什么都不用管！"和孩子交流最多的是："今天考试了吗？""作业写完了吗？"这样的交流单调而缺乏情感。每个家长都关注孩子的成绩，很多家长是在用自己受教育时的方式教育自己的孩子，但是"吃得苦中苦，方为人上人"的古训我们理解得太狭隘了。孩子不管学习多紧张，都不应该忘记自己对家庭、对社会的责任。很多家长认为，孩子长大了自然会承担，但成长是一个人的人生经历，没有经历就不会留下切肤的体验，就不会在头脑中形成意识，就不能转化为平时的行为习惯。一个从小没有责任意识的孩子将来怎么会负责任？总能看到媒体报道，某大学生因生活不能自理而休学，某研究生跳楼……这样的信息太多了，这不是孩子的错，是家长没有让孩子在该承担的时候学会承担，在该分享的时候学会分享。

人不能超越一个时代，因为每个人都要受到社会制度、经济发展、科技进步等因素的制约，不可能独立于时代之外而存在。每个人的成长都是要付出代价的，人不可能跨越成长的过程而长大。在当下的社会中一味地埋怨肯定会让孩子失去很多机会，而一味地盲从又会让孩子失去个性。一个合格的家长，应该懂得在情感上给孩子更多的关注，让孩子获得源自家庭的信赖与支持，从而具有不断前进的信心和勇气。作为家庭成员的孩子要从事力所能及的劳动，从劳动中体会生活乐趣，体会社会责任，体会与人分享。

【阅读观点】

每一个孩子心底都有成为一个"好孩子"的美好愿望。

没有约束的教育不是最好的教育，没有引导的教育也不是最好的教育。

成长是一个人的人生经历，没有经历就不会留下切肤的体验，就不会在头脑中形成意识，就不能转化为平时的行为习惯。一个从小没有责任意识的孩子将来怎么会负责任？

每个人的成长都是要付出代价的，人不可能跨越成长的过程而长大。

心与心的距离

——读《一百条裙子》

读完埃莉诺·埃斯特斯的《一百条裙子》，不知道是该高兴，还是该难过。

旺达是穷人家的孩子，经常受到同学的嘲笑。当她说出家里有一百条裙子的时候，同学对她的嘲笑更是像潮水一样涌来，简直可以把她淹没。后来，旺达离开了这所学校，从老师的口中，在旺达画的一百条裙子面前，所有嘲笑她的人才知道，旺达真的拥有一百条比现实的裙子更漂亮的裙子。曾经嘲笑过旺达的两个女孩还得到了其中的两条裙子，旺达原谅了她们……故事就这样结束了，确实是一个美好的结局。但是这个结局却怎么也让人高兴不起来。这个故事带给我们的究竟是什么呢？

旺达是个爱美的女孩，同其他任何女孩没有什么区别。但是，贫穷让她不能拥有别的女孩可以拥有的美丽衣衫，她穿的永远是一条洗得发白但很干净的蓝裙子。可以想象到，旺达总是每天晚上洗了，第二天早上穿，有时甚至没干透，天凉的时候很可能还是冷冷的。没办法，她所能做到的就是把自己现实中的这一条裙子洗干净。这样的生活该是多么压抑啊！但是，旺达并没有放弃追求美丽的权利，她把自己对美的渴望倾注在自己的创作中，她画了一百条裙子，准确地说，是设计了一百条裙子，无论是款式还是色彩都不重复。这些裙子就是旺达的梦想，她的想象力和她的创造力在画裙子的时候被集中展示了出来，这说明旺达是一个很有艺术天分的孩子。在她的眼里，艺术的真实就是现实，所以当她第一次坚定地说出她有一百条裙子的时候，她没有意识到自己是在"说谎"，而是抑制不住内心的激动。旺达把对生活的美好向往转变成另一种现实，将来她很可能成为一位优秀的服装设计师。

其实，答案似乎又不是那么简单，旺达的做法和旺达被人误解让我们想到更多。旺达坚定地认为她拥有的裙子是真实的，而她的那些同学不这样认为。旺达的同学自以为对旺达了如指掌，他们很自信地认为旺达没有一百条裙子，也不可能有一百条裙子。这就是真相与人心，不是她们看不到真相，而是她们的心让她们无法看到真相。因为她们的心被蒙蔽了，她们太习惯于用自己的眼睛看问题了，没有想到还可以有另一种形式的拥有，那种拥有同样是真实的，是可以穿的裙子以外的真实。一百条裙子，是一个与常人思维不同的概念，传递出来的不仅有对嘲笑的漠视，更有思维方式的不同。

熟悉与了解，其实很难说成是真正的知道。我们眼睛看到的慢慢地被转化成了一种习惯，这种习惯让我们活在自我的世界中，后来看到的往往就是以前看到的影子，或者说是内心的反映，习惯就这样成了一种生活方式。被习惯了的生活方式遮盖以后，就容易用所谓的规律去推断事实，于是这个世界上就多了一次次误读，多了一次次误解，多了一些无法沟通，多了一些不可理喻……这就是心与心之间的距离，一颗心不能知道另一颗心，却自以为全部知道了。父母和教师对孩子往往都会有这种先入为主、经验先行的现象。

人与人可以生活在相同的外在世界中，但是永远不可能拥有相同的内心世界。只有静静地聆听，默默地注视，才有希望看到另一个人的内心世界。教师作为教育工作者，是应该用心灵倾听孩子的人。但是教师往往做不到，教师比较容易按照自己的习惯来做事情，比较喜欢根据自己的经验去作出判断，比较愿意按照自己的价值观念对事情进行评价。每个孩子都是不一样的，甚至同一个孩子在不同的时间、不同的环境也是不一样的。教师如果只是抱持着自己的经验，而不去观察和了解孩子，那么就永远无法走近孩子。教师和孩子可能在同样的时间生活在同一间教室内，但是却不能保证生活在同一个世界中，因为孩子心中有一个更加广阔、更加美好的世界，就像旺达笔下美丽多彩的一百条裙子一样。面对孩子，只有用心倾听，用心呵护，才能看到更多属于孩子的奇妙的世界。

教师怎样才能具备看得清孩子的慧眼呢？我觉得没有必要刻意去看教育学、心理学的书籍，教师可以多阅读一些优秀的儿童文学作品。如果一个教师能够读完 100 本经典的儿童文学作品，就可以算是了解儿童了。我们不能等像旺达这样的孩子画完了一百条裙子才去了解她，而应该在她开始说拥有一百条裙子的时候，就去读懂她，鼓励她，支持她。

一颗心离另一颗心越近，人与人之间的距离才会越小。每个儿童都自成一世界，教师只有放下自己的世界，才能看到更多美好的世界。教师应该主动去了解儿童，亲近儿童，让心与心之间没有距离。

✎ **【阅读观点】**

人与人可以生活在相同的外在世界中，但是永远不可能拥有相同的内心世界。只有静静地聆听，默默地注视，才有希望看到另一个人的内心世界。

一颗心离另一颗心越近，人与人之间的距离才会越小。每个儿童都自成一世界，教师只有放下自己的世界，才能看到更多美好的世界。

爱的智慧

——读《妈妈走了》

从《妈妈走了》这个书名我就知道这是一个悲伤的故事，一个关于生命的故事。看着封面上稚拙的字体，我久久不愿意翻开，怕触动什么，不知是怕弄醒故事中的人呢，还是怕触碰到自己内心最柔软的那个部分。终于打开这本书，扉页上的"妈妈走了"几个字仿佛透明的一般，让我感受到了另一种心情。也许这个故事不会太悲伤。

一位美丽而有智慧的妈妈离开了深爱她和她深爱的儿女，这是一件多么令人悲伤的事情。一家人在悲伤中煎熬，很长时间不能从那种思念中走出来。但是他们一家人很坚强，相互扶持着慢慢从悲痛中走了出来：爸爸雕刻了圣母遇难像，把对妈妈的思念融进了雕像中；卡勒尔找到了女朋友；保罗和乌娜也从悲伤中走出来，一家人在笑声中开始了新的生活。爸爸还要继续他的创作，孩子们还要开始自己的生活。

书中有一句话反复出现，那就是"墓中仅有遗体，而遗体并不是妈妈"。这样的话让我对生命有了更深刻的领悟。对于亲人的离去，我们每个人都会悲伤，面对失去亲人的人，我们会习惯性地给予怜悯。但是，这一切对于情感而言，只会更加沉重。无边的悲痛有时会把人压垮，而这是深爱我们的人不愿意看到的。

书中的很多话都像庄子所说，庄子的妻子去世了，他的好朋友惠施前来吊唁，看到庄子叉着双腿坐在地上，鼓盆而歌。而保罗劝说乌娜的那一大段话，也好像一道光照射进无边的黑暗。看来伟大的、有智慧的生命的观点大抵是相似的。庄子的那些观点和保罗在这里的观点就有着异曲同工之妙。

总有一些人会离开，而对于他们去了哪里，他们究竟以怎样的形式存在，我们这些留下来的人是永远都不知道的，因为从没有一个人回来过。

对待生命的态度是一种人生智慧，需要耗费很大的心力才能够看清楚。生命是一个过程，就如同爱是一个过程一样，大家看中的不是结果，而是这个生存的历程、爱的历程。在这样的历程中，能够感受到喜悦，能够看到会心的微笑，能够品尝到人生的快乐，才是最重要的。

爱同生命一样是很神秘的事情，当自己所爱的人离去的时候，仿佛自己的生命也不再存在，仿佛一切都没有了。但爱这种神秘的力量能够支持人过一生。妈妈走了，留下了微笑，留下了爱的影子。

书中最让我震撼的是两件事。一件是爸爸不让孩子们看妈妈的遗容，甚至当殡仪馆的人提议是否看最后一眼的时候，爸爸都没有允许孩子们去看看妈妈，虽然孩子们是那么想看。爸爸是这样说的："躺在床上的已经不是她。""留在你们记忆中的妈妈应该是鲜活的，而不是死去的。"看一眼妈妈的遗容固然能够记住妈妈的样子，但是留在记忆最深处的也会是这最后一瞥，在以后的人生中将挥之不去，这会把以往所有的美好记忆一扫而光。用最后一眼去替换一生的美好，代价确实太大了。另一件事是关于如何处理妈妈的遗物的问题，爸爸很坚决，把妈妈的大多数衣物都卖给了旧物商，只把妈妈的首饰留了下来。后来，爸爸又建议把妈妈的遗物小心地放在阁楼上保存。孩子们尤其是乌娜开始是反对的，她想留下妈妈所有的一切。在爸爸的坚持下，她只好选择退让。这位父亲是很和蔼的，很多事情都和孩子们商量，但在这件事上的坚决，让我们看到了他的智慧。可以睹物思人固然是一件好事，但是如果用太多的伤感代替真实的生活，或者让伤感成为一种习惯，那就太糟糕了，他必须帮助孩子们从阴影中走出来。

孩子们的回忆中都是妈妈的笑脸，孩子们的心中都是美好，但这并不影响他们怀念自己的妈妈。当他们理智地对待这个事实的时候，就是他们成长了。亲人的离去是每个人都会遇到的事情，作者用故事教会我们该如何去面对。

✎【阅读观点】

对于亲人的离去，我们每个人都会悲伤，面对失去亲人的人，我们会习惯性地给予怜悯。但是，这一切对于情感而言，只会更加沉重。无边的悲痛有时会把人压垮，而这是深爱我们的人不愿意看到的。

对待生命的态度是一种人生智慧，需要耗费很大的心力才能够看清楚。生命是一个过程，就如同爱是一个过程一样，大家看中的不是结果，而是这个生存的历程、爱的历程。

用最后一眼去替换一生的美好，代价确实太大了。

可以睹物思人固然是一件好事，但是如果用太多的伤感代替真实的生活，或者让伤感成为一种习惯，那就太糟糕了。

心中的世界

——读《兰心的秘密》

　　《兰心的秘密》是德国著名儿童文学作家米切尔·恩德的作品，这本书中有两个故事，一个是《兰心的秘密》，一个是《月圆夜的传说》。看这本书，让我们不得不注意到恩德的智慧与深刻，也让我们不得不注意到书中美妙的插画。这本书的插画为书的内容增添了不少色彩，那美妙的画与美妙的故事交相辉映，给读者以美的享受。

　　《兰心的秘密》讲述了小女孩兰心的故事。兰心不希望爸爸妈妈总是不听自己的意见，就从魔法师那里求来方糖给爸爸妈妈吃了下去，结果爸爸妈妈只要不听她的话，身材就会缩小一半，缩小后的爸爸妈妈遇到了许多问题，甚至差点儿被一只黑猫吃掉。兰心的生活因为没有爸爸妈妈的照顾，变得一塌糊涂，最后她选择了自己吃下方糖，从此变得听话。故事到此并没有结束，"哪个人家的正常孩子不跟爸爸妈妈顶几句嘴的"，兰心的言听计从让她的爸爸妈妈很苦恼。最后，一家人终于破除了魔法，又愉快地生活在一起了。

　　这个故事在现实世界中肯定不会发生，但是似乎又可以找到现实的影子。父母要求孩子听话，孩子不愿意被父母控制，生活中就有了很多小冲突。作者就是给我们一个这样的场景，让我们走进一个被颠覆了的生活情境。孩子说什么父母就听什么，父母就变成了"小矮人"，不是形体上的"矮",而是人格和精神上的"矮"。"矮化"的父母对孩子的成长是"无能为力"的,这就会让孩子变得恐惧,变得无助,无法在社会中找到自己的位置。如果父母真的变得言听计从,那孩子也会不知所措,得到的也不是满足,而是空虚。兰心变得听话以后,父母都以为她病了,因为每一个正常的孩子都有自己的想法,这些想法不一定和父母的一致。当孩子不能表达自己的想法的时候,父母也会感到恐惧,因为没有思想的孩子是最令人担忧的,这时的"听话"就成了一种病态,一种危险的信号。

作者用这样一个看似简单的故事,教给孩子要尊重父母,教给父母要聆听孩子的心声。尊重不是放任,但也不是控制,这是这个故事最主要的思想。如果所有的家庭中,父母和孩子都能够相互理解,相互信任,相互尊重,那孩子就能够健康快乐地成长。

"无论如何,你现在就得拿定主意,一旦时间一过,一切就无法更改了。事情走得太远,就不可能挽回,只有听之任之了。生活中常有这样的事。"这是仙女在告诫兰心时说的话。想想这句话确实很有哲理。孩子的成长是有规律的,教育要把握契机,错过了某个阶段就难以挽回,在错误的路上走得越远就越难挽回。因此,不管是大人还是孩子,当意识到自己的问题的时候,要及时纠正。故事中的兰心作出了很好的表率。

与《兰心的秘密》仿佛浑然一体的另一个故事《月圆夜的传说》讲的是一个隐士和一个强盗的故事。故事很像中国传统文化中道家的传说。隐士是高明的修行人,强盗是无恶不作的人。隐士头上有一团柔和之气,致使强盗能坐下来听他讲。然而当"邪神"附体的獾一次次来临后,隐士变了,眼中、心中都不再宁静,他有了新的企盼,有了欲念,结果在他修行的洞外就发生了动物互相残杀的景象,但由于他的内心已经被欲念占领,他的内心已经不再纯净,所以他对这些视而不见。这时看破这一切的反而是强盗,他用箭射中了"邪神",使一切恢复了平静。真正的内心宁静,不看是否在静坐,不看是否在修行。内心的宁静,让"有生以来,他从没听说每个人都有灵魂,每个人都要为自己的灵魂负责"的强盗看出了事情的真相，因为他的信念中只有一个观念。"有"与"无"是一对很难说清的概念。这个故事让我们似有所悟，略有觉醒。人生应该保持内心的宁静，否则就会被"邪神"附体，离自己追求的目标越来越远。

这个世界在每个人眼中都是不一样的，这个世界是什么样的不在于世界表现了什么，而在于我们看到了世界的哪种表现，世界往往是我们内心的反映。

✎【阅读观点】

孩子说什么父母就听什么，父母就变成了"小矮人"，不是形体上的"矮"，而是人格和精神上的"矮"。"矮化"的父母对孩子的成长是"无能为力"的。每一个正常的孩子都有自己的想法，这些想法不一定和父母的一致。没有思想的孩子是最令人担忧的，这时的"听话"就成了一种病态，一种危险的信号。

孩子的成长是有规律的，教育要把握契机，错过了某个阶段就难以挽回，在错误的路上走得越远就越难挽回。

每个人都有灵魂，每个人都要为自己的灵魂负责，人生应该保持内心的宁静，否则就会被"邪神"附体，离自己追求的目标越来越远。

这个世界在每个人眼中都是不一样的，这个世界是什么样的不在于世界表现了什么，而在于我们看到了世界的哪种表现，世界往往是我们内心的反映。

生命中的不得不想的真实哲理

——读《毛毛》

《毛毛》这部作品出自我喜欢的德国作家米切尔·恩德之手，他的作品还有《犟龟》等。米切尔·恩德总是在讲故事的同时，试图揭示一些哲理，这些哲理不是深不可测的，你能感觉到哲理的存在，但是你又不能一下子说清楚，或者从一方面说清楚。而这种既有感觉却又无法清晰表达出来的心情就是我读《毛毛》的感受。所以我曾经数次动笔，但又不得不停下来，因为我虽然钟爱这部作品，却始终无法表达出自己的所感、所得。

现在我在安静的无人打扰的房间内敲击着键盘，又一次试图把我内心的感受用文字表达出来。

《毛毛》的封面和书脊上都写着一行字——"时间窃贼和一个小女孩的不可思议的故事"。这个小女孩就是毛毛，"时间窃贼"是一群戴着灰帽、身着灰衣的人，书中称作灰先生。主题已经非常明显了，这本书讲的是和时间有关的故事。人人都知道时间比金钱更重要，那作者又是怎样给我们讲这个关于时间的故事的呢？

这本书分为三部分：第一部，毛毛和她的朋友们；第二部，灰先生；第三部，时间花。

毛毛是个怎样的小女孩呢？"她个子很小，又十分瘦弱，使人无论如何也不能判定她究竟是八九岁，还是十一二岁。她的头发乱蓬蓬的，是沥青般的黑色卷发，乍一看，好像她从未梳过头，头发也从来没有剪过似的；她的眼睛很大，很美丽，也是乌黑乌黑的；脚也是黑的，因为她几乎总是赤着脚，只有到了冬天才偶尔穿上鞋。那两只鞋也不是一双，对她来说也显得太大。此外，除了她捡来的破烂和人家送给她的东西之外，毛毛就一无所有了。她的裙子是用五颜六色的布块缝起来的，很长，一直拖到脚后跟。外面套着一件肥大的男夹克，袖口向上面挽了好几圈。"这就是这本书的主人公，一个与众不同而又令人不想靠近的小女孩。作者为什么要这样来描述这个小女孩呢？因为不寻常的故事就要有不寻常的主人公吗？这个得靠读者自己来判断了。

再来看看毛毛的家。"在野草丛生的露天剧场舞台下边，有两间半倒塌的小屋，人可以从墙上的小洞口钻进去。毛毛就在这里安了家。"毛毛的家就在这里，这样奇异的住处，说明她肯定是个奇异的人。在这样的住处生活的人，对生活还有什么渴求呢？她连自己的长相、衣服、住处都不挑剔。书中已经说了，"毛毛不想把袖子剪短，因为她已经想到了自己会长大。是呀，谁知道她长大以后还能不能找到一件这样漂亮，又有那么多兜的很实用的夹克呢"！

毛毛重视什么？她重视友情，她有一帮朋友，她的存在给朋友们带来了美好和快乐，她也因此而快乐、美好地生活着。

然而，这一切随着灰先生的到来改变了。灰先生让所有的人对时间都斤斤计较，让所有的人拼命用时间去赚取自己想要的东西，他们让人们的欲望不断地膨胀。人们开始放弃了聚会，淡忘了亲情，遗忘了友情，所有人都生活在时间的传送带上而无法停止。

毛毛茫然了，为了帮助所有的人，也为了帮助自己，毛毛毅然和一群灰先生展开了斗争。经过艰苦的努力，毛毛终于把被灰先生掠夺的时间释放了出来。开始人们的时间都不够用，后来大家都有用不完的时间，这就是毛毛和灰先生斗争的结果。

"在大城市里，人们看到了很久以来没有看到的景象：孩子们又在大街中心游戏，不得不等待的汽车司机微笑着看孩子们玩耍，有的司机甚至下车和孩子们一起玩。到处都有人在亲切地交谈，详细地询问对方的健康状况。去上班的人也有闲暇站在窗前赏花喂鸟。医生现在有时间详细地询问每一个病人的病情，工人们能安心并精益求精地工作，因为现在重要的并不在于非要在尽可能短的时间里完成尽可能多的工作了。每个人都可以根据实际的需要来使用时间，从现在起，人们的时间又都富足有余了。"

看到这里，相信任何一个居住在大城市里的现代人都会停下来思考，一个人每天的忙碌究竟是为了什么？急匆匆地把身边所有的事情都忽略了，在繁忙的工作中，忘记了游戏，忘记了交谈，忘记了相互温暖。在"宅男""剩女"日渐增多的社会里，人们忘记了人与人之间还需要沟通交流。大家都躲在自己的壳子里，忙碌着，叹息着，觉得每一天都是匆忙的，以为匆忙就是充实，而不知道这是虚假的充实，因为人的内心还是那颗充满灵性的肉体，它没有随着机器时代的到来而变为机器，它没有因为网络时代的到来而变成符号，它每时每刻都在那里极其真实地跳动着，拥有这颗心的人往往忽视了它的跳动，忽视了它的渴望。

"当毛毛和老贝波回到老圆形露天剧场时，她的朋友们已经在那儿等候他们了。……毛毛曾经认真地倾听他们述说自己的心事。然后，他们就兴高采烈地庆祝起来，又唱又跳，那样开心，只有他们懂得这是怎样的节日，庆祝活动持续了很久，直到繁星布满天空。"这一切美好的画面已经只能出现在书中了，人们在现实生活中的这种聚会越来越少了，快乐也就越来越少了。物质的富足让人体会到的并不是精神的满足。那种守着贫穷而充实的生活也许是米切尔·恩德想要的。

这本书中似乎到处都充满了哲理，希望每个读者都能以自己的生活经验去感悟这些哲理。

　　大家都躲在自己的壳子里，忙碌着，叹息着，觉得每一天都是匆忙的，以为匆忙就是充实，而不知道这是虚假的充实，因为人的内心还是那颗充满灵性的肉体，它没有随着机器时代的到来而变为机器，它没有因为网络时代的到来而变成符号，它每时每刻都在那里极其真实地跳动着，拥有这颗心的人往往忽视了它的跳动，忽视了它的渴望。

享受生命

——读《不老泉》

《不老泉》是美国作家纳塔莉·巴比特的作品，她还有一部作品，那就是《尼瑙克山探险》。纳塔莉是一位比较独特的作家，她总是用诗一样的语言讲述着深刻的人生话题。

《不老泉》讲的是什么呢？从书名就可以看出来，肯定是讲泉水的，这是和生命相关的泉水，是让人长生不老的泉水。喝了这样的泉水，人们就会青春永驻、长生不老。在中国的神话传说中，也有很多类似的东西能让人长生不老，像人参果、唐僧肉、太上老君的仙丹、嫦娥偷取的灵药等。从这些故事可以看出，不管是神仙还是凡人，都渴望长生不老，有的甚至为此付出了昂贵的代价。中国历代皇帝中就有不少追求长生不老的。所不同的是，中国的神话没有讲长生不老的结果，而《不老泉》讲到了长生不老的结果，不，是后果，严重的后果。

长生不老应该是人人向往的结果。可是，作家纳塔莉却给出了不同的答案。因为无意间喝了不老泉的水，梅一家有了无尽的烦恼。"梅、她的丈夫塔克以及两个儿子迈尔斯和杰西，八十七年来一点儿都没变。"这种不变，让他们对一切都不感兴趣，他们连自己的容貌都不再关心，因为他们不会老去，不会添一丝皱纹，所有的一切都像凝固在那里。就像塔克所说："这世界上谁能把我怎么样？"故事如果只是这样写，也就没有多少的魅力了，人们会被作者说服，认为长生不老会有无穷的烦恼，就像《格列佛游记》中记载的长生不老一样让人痛苦。

作者的高明之处在于，她接着把一个个矛盾展现在读者面前。温妮·福斯特也发现了泉水，在不知情的情况下准备喝点，却遭到了梅一家的极力阻止。为了阻止温妮喝泉水，梅一家给温妮讲述了这个神奇的故事。八十七年前，塔克一家从东走过很远的路向西迁徙，家里除了猫以外，所有人和动物都喝了不老泉水。其后果是杰西从树上掉下来，毫发无损；子弹击中了家里的马，可是马身上几乎连弹痕都没有留下；塔克被蛇咬后平安无事……"二十年过去了，他们必须面对一个难以解释的事实：他们当中没有一个人长大，变老。"迈尔斯的妻子带着两个孩子离开了他，所有的朋友和身边的人都离开了他们。后来，没有喝水的猫死去了，他们才发现了泉水的秘密。

对平常人而言，没有痛苦，没有衰老和死亡是多么令人羡慕的事情。而当这一切真的降临在塔克一家人身上的时候，我们才发现，原来，没有痛苦就没有幸福，没有衰老就没有珍惜，没有死亡就没有生活的欲望。这一切都是交融在一起的。让我们看看塔克一家的生活吧，"小屋里积厚的灰尘，墙上的蜘蛛网，抽屉里的老鼠……一个没门的橱柜里，碗盘不分大小地乱摞着；有一只巨大的黑烤箱，一只铁盆；每张桌子上面，每面墙上乱七八糟地放着、挂着所有能放、能挂的东西，如大葱、灯笼、木勺、洗脸盆等"。看到这一幕，你会想到什么呢？是什么让生活变得杂乱无章？塔克一家人都年富力强，但是早已经失去了收拾房间的兴趣，没了改变生活的愿望。没有了愿望的生活，让他们丧失了生活的快乐。人的一生不仅要"生存"，而且要"活"，活得有滋有味，这种"活"是一个追寻的过程，静止了，就不算在生活。

温妮呢，"生长在有条不紊的环境中，习惯了整洁干净"，看到这一幕她惊呆了。但是，想让温妮明白生命的意义，还不是那么容易的。塔克带她上了一艘小船，在湖心，塔克告诉温妮："生命，运动，成长，变化，绝没有两次相同的两分钟……"这次谈话没有让温妮完全明白，接下来又发生了很多事情。

这本书最后是这样讲述温妮的，"永远怀念，亲爱的妻子，亲爱的母亲，温妮·福斯特之墓"。很明显，温妮没有喝不老泉的泉水，她作出了自己的选择，她曾经是一个妻子，她曾经是一位母亲，她享受了她所能享受的生命。

✎ **【阅读观点】**

原来，没有痛苦就没有幸福，没有衰老就没有珍惜，没有死亡就没有生活的欲望。

没有了愿望的生活，让他们丧失了生活的快乐。人的一生不仅要"生存"，而且要"活"，活得有滋有味，这种"活"是一个追寻的过程，静止了，就不算在生活。

心向光明

——读《光草》

读完《光草》这本薄薄的书，我沉默了很久。周围的一切似乎都变得失去了意义，不是空洞，而是什么都没有的空白。

我努力想给自己此刻的情绪下个定义，是伤感，还是对死亡的恐惧？是欣慰，还是对一个生命个体摆脱病痛的释然？是对我自己当下心绪的莫名的对应，还是超然事外的冷眼旁观？

在这本书中我读出了死亡，也读出了生命力与想象力、想象力与创造力之间的关系。但是我觉得，一直支持我读下去的是角色之间的交流。

书中出现的是两个大男人和一个小男孩，这是一般书中不会有的人物结构。因为在现实中不可能没有母爱的支撑，两个大男人是支撑不了一个完整的情感世界的。而这本书的作者就是用两个大男人支撑了一个小男孩的世界。其中的女人，就是那些从头至尾没有说一句话的女佣，这些女人在书中只负责做好家务。还有一个一闪而过的管家，请来画家萨库玛以后，他就再也没有出现过。

先来说说萨库玛和马杜勒，我读到一半的时候还分不清谁是谁，但这并没有妨碍我渐入佳境。一个陌生的大人，一个陌生的孩子，两个人一见如故，先是下棋、聊天，然后就是绘画，再就是共同绘制，最后是一个人为了另一个人的想法而绘制。这是我读到的最好的大人与孩子的沟通方式。萨库玛作为一名画家，他有高超的画艺，但是在为这个单纯的孩子画出理想世界的时候，他必须把自己所有的技术都忘记，就像书中写的，他的脑中一片空白。等他扔掉自己所有的技术和马杜勒倾心交谈的时候，当他就睡在马杜勒床边的毯子上的时候，当他按照马杜勒的想法，把一个点每天画成一艘海盗船，直到大得画不下的时候，当他把马杜勒想象中的"光草"用一种特殊的材料变得能发光的时候……他和马杜勒实现了心灵的交流，他们相互懂得，他们互相成就。他一次次在外面散步，就是在想尽办法忘记自己，从周围的世界获得生命的灵感，以期能够接近马杜勒的想象。他做到了，做得很辛苦，也很幸福。当他所有的胡子都变白的时候，马杜勒去世了，但是，画家给了他有光彩的生命，他的生命也点亮了画家的生命，让画家有勇气放下尘俗的生活，到面朝大海的地方去"隐居"，在那里，画家的心中总有生命的花在开。这让我看到了教育，教育不是技术，是顺应生命天性的点燃。画家和孩子更像教师和学生，画家在此扮演了一个非常出色的教师形象，所有的教师都应该以他为榜样。

第二个大男人是一位父亲，名字叫葛努安。他就像一座靠山，拥有权力、金钱、地位、威严和教养。他对儿子有着无限的疼惜，为他做一切能够做到的事情，就像所有伟大的父亲一样。但是，他和作为教师身份出现的画家又是不一样的，第一，他要负责衣食住行；第二，他要负责孩子的病；第三，他要为了孩子不断地和画家进行沟通。他又是一位好父亲，因为在书中他几乎没有进行过正面说教，儿子健康的时候，他就是听听他的想法，看看他们的成果，回应以支持的话语与神情；当儿子病重的时候，他就做儿子的靠垫，在儿子面前不焦虑，不急躁……对儿子与画家，他绝少干涉，一切按照他们的想法进行，他只是远远地关注着，当他判定画家完全可以和儿子交流的时候，他就安心地去做一位父亲，而不是教师。

我想，如果真的有这样一个孩子，他叫马杜勒，他都很难在现实中拥有一位这样的教师，这样的父亲。但是，就是书籍的力量让我们看到了光明，看到了一位好教师、一个好父亲应该是什么样的。其实，无论贫穷与富有，无论才高与才低，我们都可以成为一个合格的甚至优秀的大人。

本书作者罗伯托·普密尼毕业于教育系专业，曾经做过中学教师。我想，这样的教师、这样的父亲也是他心中的理想之所在。

点亮这本书的还有俯拾皆是的比喻，让我们看到了语言的魅力，看到了心灵的亮光。"我本应当个好主人，让你今晚好好儿休息，明天早上再来打扰你。但焦虑在我心中翻腾不已，我想要请你帮忙的事，就像一匹年轻力壮的马，让我片刻不得安宁。而你的答案就是牧草，如果我不喂它，我想它会在我胸口奔腾一整夜的。"这是马杜勒的父亲和画家第一次见面时说的话。听到这话，不难知道，这是一位有智慧的父亲。

心存光明不是看淡了生死，而是在活着的时候以"光草"的姿态点亮自己，照亮世界。

✎ **【阅读观点】**

他几乎没有进行过正面说教，儿子健康的时候，他就是听听他的想法，看看他们的成果，回应以支持的话语与神情；当儿子病重的时候，他就做儿子的靠垫，在儿子面前不焦虑，不急躁……

无论贫穷与富有，无论才高与才低，我们都可以成为一个合格的甚至优秀的大人。

心存光明不是看淡了生死，而是在活着的时候以"光草"的姿态点亮自己，照亮世界。

打开生命的盒子

——读《克拉拉的箱子》

读着《克拉拉的箱子》，感觉就是在不同的生命中穿越，准确地说，就是在体验不同的生命状态。

克拉拉——身患绝症的女教师；茱莉亚——一个未成形即逝去的生命；胡伯特——一个希望自己死后变成松鼠的人；弗莉达——一个把死亡看得很淡的老太太……甚至还有丢在草丛中的洋娃娃等那些存在于孩子眼中的生命。

某天下午，读到《克拉拉的箱子》中的某一段时，我忽然想到，终将有一天我会和这个世界说再见，从那以后，我在这个世界上所经历的一切将无人知晓，无人提起……我黯然神伤了一个下午，并且那段时间一想到死亡，浑身都是无力的。我开始认真地思考生死，后来，是身体的潜意识让我能够面对了，因为我不能一直那样消沉下去。我最终没有看透生死，但我再次想到这个问题的时候已不再那么恐惧，因为我潜意识里让自己变得麻木，强迫自己不再去想这个敏感的问题。但终究，我是认真想过自己的生死的。

《克拉拉的箱子》是以"死亡"为主线的，书中的人与事皆与死亡有关，但我不认为它就是一部写"死亡"的书。在书中，我看到的更多的是生命的不同状态。从胎死腹中的"婴儿"到罹患绝症的中年教师，再到摔断臀骨的老人，再到正在下葬的人……这是在用死亡证明生命的多样性。人生有太多的形态，但是，无论怎样都要面对。所以，我看到的是生命的存在，只要打开生命的盒子，就是展开生命的篇章。"每一个生命都是一段传奇"，如果无人能懂，就自己珍藏；如果可以张扬，也要明白它无非是一段旅程。

未经过思考的生命就像未经窖藏的薄酒，是很轻的，虽然可以潇洒从容、云淡风轻；未经过设计的人生，就像未经打磨的钻石，是很拙的，虽然可以韬光养晦、抱残守缺。

此书虽然以"克拉拉的箱子"为题，但是，克拉拉老师也只是书中的一个角色，贯穿整个故事的是一个叫朱利的上四年级的男孩。

朱利的父母已经离异，而母亲每天总是大声讲话，非常强势，造成的结果就是朱利不敢表露自己的情感，也不敢发表自己的见解，即使在非常善解人意的克拉拉老师面前也是如此。

作者以朱利的视角，把家人、同学、老师、陌生人等都装在一个关于生命的话题里。因为朱利想的就是克拉拉老师的病，想的就是克拉拉老师的生命终结点。所以，在他的眼里、心里，一切都跟生命有关。

生命的多样性，不同的性格就是不同的生命状态——易怒而爱表现的卡蒂亚，相信奇迹的艾莲娜……

生命的奇迹——那个蹬着滑板车钻进汽车底部却只是受了轻伤的少年。

生命的意外——只能投在影像上的茉莉亚，埋在墓地里的年轻夫妇。

生命的无奈，活着的无奈——摔断臀骨的外公希望早日"上西天"，克拉拉老师面对病痛的折磨，朱利妈妈对失去茉莉亚的自责……

死亡，不过是生命的一种状态，是生命旅程中的一个"节点"。如果你相信，一个生命在死亡的时候就是最终结束了，那这个点就是"结点"；如果你相信生命结束后可以以其他生命形式存活，就像书中说的，人的生命终结以后可以变成小松鼠等，那这个点就是"接点"，这个点连接了其他的生命形态；如果你相信，死亡是步入天堂、走入极乐世界的开始，那么它就是"借点"，借了人这个生命形态，走向更高的生命形式……

然而，无论如何，从作为人类的生命个体所能感受的幸福和痛苦的角度而言，人类生命就是一段历程，这段历程中，内心的反应与外在的联系要达到平衡。

说了太多的生命，其实应该回到教室，因为这还是一部关于教师和学生、家长和孩子的书。

教室里充满着笑声，是因为这间教室中有一位智慧的克拉拉老师，她能看透学生的心思。这个看透不是看到，是用心感悟到，她了解他们，他们也了解她。这就是一间和谐的教室。学生虽然只有四年级，当他们知道老师患了绝症以后，不只是停止了吵闹，还用自己的方式去想方设法延长老师的生命。

读书的好处，就是能够通过虚拟的故事情节体验不同的人生，这是另一种生命体验。有时候，读书就像做梦，书已经放下了，情绪还在书中，亦真亦幻，也是一种生命状态。

生命落地的那一刻，生命的盒子就已经开启，是一个定了时的闹钟，还是一条未经设计的路径，都不得而知。但是，只要开启了，就要走动，不管走多远，不管走多久，每一段都需要用阅读来思考，用实践去创造，这样生命才可向内走心，向外留痕。

✎【阅读观点】

未经过思考的生命就像未经窖藏的薄酒，是很轻的，虽然可以潇洒从容、云淡风轻；未经过设计的人生，就像未经打磨的钻石，是很拙的，虽然可以韬光养晦、抱残守缺。

无论如何，从作为人类的生命个体所能感受的幸福和痛苦的角度而言，人类生命就是一段历程，这段历程中，内心的反应与外在的联系要达到平衡。

生命落地的那一刻，生命的盒子就已经开启，是一个定了时的闹钟，还是一条未经设计的路径，都不得而知。但是，只要开启了，就要走动，不管走多远，不管走多久，每一段都需要用阅读来思考，用实践去创造，这样生命才可向内走心，向外留痕。

用自己的方式改变生活

——读《人鸦》

  《人鸦》是奥地利女作家埃迪特·施莱伯尔－维克的作品，是她的"乌鸦系列"的代表作。这本书讲的是男孩瑞夏德因为好奇变成了一只乌鸦，经历了一些事情后，又变回了人的故事。乌鸦瑞夏德做了很多其他乌鸦不敢做的事情，他知道"稻草人"不是真的人，带领乌鸦们吃田地里的新鲜谷粒；他用自己作为人的智慧以乌鸦的方式救了鸦群的大头领罗高；他向狐狸进攻，救了一个小矮人……瑞夏德因为变成乌鸦，而知道了很多人类世界不能明白的道理。经历了无数次冒险之后，他又走上了一条回归自我之路，最终运用智慧变回了从前的样子。

  这本书共有九章，每一章都充满了神奇的想象。"彩乌鸦传奇"向人们讲述了乌鸦是怎么变成黑色的；"高原神秘夜"讲述了来自远古的鸟人与鸦群会面的情景；"小矮人的节日"呈现了神奇的矮人世界。通过作者的讲述，好像这一切真实发生过。相信这一切对儿童都充满着诱惑。

  这本书带给人美妙的感觉的同时，也提醒人们要更好地认识和关注现实生活。每个人都渴望尝试一种截然不同的生活，每个人都厌倦现实的平凡生活。作者就是根据人们的心理，进行了超出寻常的创造，让一个厌倦了学校生活的男孩变成了一只乌鸦。一个在人看来无足轻重的乌鸦世界，同样要有礼貌，同样要有规则，同样要付出劳动，同样要有人际关系的处理，同样要面对很多不可预见的危险……这是作者在有意识地呈现给我们的主题。无论是在一个怎样的世界里，人都要用自己的努力获得社会的认可。智慧和情感是一个人立足于当下生活最重要的成分。我们的现实生活就是最好的生活，就是彩色的生活，只是随着时间的推移，随着习以为常的惯性，我们的眼睛被蒙蔽了，生活也就变得没有了颜色。拥有一双善于发现美好的眼睛，拥有善于感受的心灵，生活就会富有色彩和变化。珍惜当下的生活，用心灵的力量营造不同的生活。

瑞夏德虽然变成了一只乌鸦，可是他始终没有忘记自己曾经是一个人类。作为鸦中的人、人中的鸦，在鸦群中，他以乌鸦的身份存在，却用人的思想在行动。他为了保存作为人的记忆，始终不忘练习那首古怪的咒语；为了保持自己的记忆，他不辞辛苦去找雌乌鸦鲁娜。瑞夏德生活在鸦群中，却始终保持着人的尊严与礼貌，并始终保持着儿童纯真善良的天性，他飞遍整个树林，帮助母鹿找到小鹿；他想办法把不慎从巢中跌落的雏鸟送回鸟巢……这样的写法，透过不同的视角，反射出人类自身的可爱与可敬之处，让我们看到了人类自身存在的价值和意义。

作者还从另一个视角来透视现代文明带给人类的忧患。环境污染；人类对自然的肆意掠夺与扩张……作者抱持着一种朴素的观点，通过乌鸦和鸟人向人类提出一些思考的命题。乌鸦"搜索者洛阿"说："人类为自己发明了许许多多多余的东西，而最重要的东西却忘记了。人是愚蠢的。""迄今为止，人类只不过找到了大秘密中的小部分。可是他们把这称为'发明'，然而对于大秘密来说，他们的知识少得可怜，而且在没有对掌握的知识融会贯通的情况下去胡乱发明，只会带来危险。"这样的语句揭示的不正是现代工业发展给人类带来的生存危机吗？人类有了各种各样的发明，这些发明带来便利的同时，也带来了环境污染问题，如全球变暖，北极的冰都已经开始融化……工业发展已经成为一把"双刃剑"，这把剑伤到了自然，也同时危害到人类自身。作者是否因此就悲观了呢？没有。"人类是什么呢？他们是一个人，加一个人，再加一个人……谁改变了自己，谁就改变了世界。"这是来自远古的鸟人给瑞夏德的忠告。谁改变了自己，谁就改变了世界，每一个人都可以从自身做起。谁改变了自己的观念，谁就会改变自己的世界，拥有一个与原来不同的世界，就像书中的瑞夏德。如果每一个人都能做好自己该做的事情，那世界就会有所改变。由此看来，改变世界的责任还在于人类自身。

作者是从人和鸦的角度来审视人类自身的存在的，可以看出作者作为人的矛盾，同时，也用这样的矛盾引导儿童去思考自身的存在，去发现人类本身的优势和不足。

✎ 【阅读观点】

无论是在一个怎样的世界里，人都要用自己的努力获得社会的认可。智慧和情感是一个人立足于当下生活最重要的成分。

拥有一双善于发现美好的眼睛，拥有善于感受的心灵，生活就会富有色彩和变化。珍惜当下的生活，用心灵的力量营造不同的生活。

谁改变了自己，谁就改变了世界，每一个人都可以从自身做起。谁改变了自己的观念，谁就会改变自己的世界，拥有一个与原来不同的世界。

黑暗中的一束光

——读《浪漫鼠德佩罗》

　　《浪漫鼠德佩罗》在我的书架上放了半年，我竟然没有翻动它。在一个无聊的早上，我带着困意，翻开了这本书，来看一个关于一只小老鼠、一位公主、一些汤和一轴线的故事。我竟然一口气把它读完了，心也被书中的光芒照亮了。有时，我们的心就像包裹着蚌壳一样，在温暖的光的轻抚下，会慢慢地打开，让那束光照进来，照亮我们心中最柔软的地方。这种美妙的时刻，不能用语言来形容。我之所以迟迟没有在众多的书中拿起这本，是因为在我看来，"浪漫"的故事是靠不住的，更何况还是一只老鼠。就因为这偏见，我才这样晚地接收到这照彻心灵的光。

　　整个故事写得很巧妙，也很自然，就像一个人在你的耳边轻轻地诉说，不，是温柔地娓娓道来，让你深陷故事之中，而又能时刻关注到自己的存在。我就像一个痴迷的孩子，等着故事一幕幕地推演。故事开始，作者就提醒我们不要对故事的结局——"从此以后永远幸福地生活在一起"有太多的期待。所以就更有了一种好奇，一种深深的期待。

　　故事中的人物不多，对一部小说而言，可以说已经达到了最简化。而人物之间又有着复杂的联系，并且还连接得那么巧妙，让人不得不感叹作者的奇思妙想。

这是一个关于"爱与背叛"的故事。

德佩罗很不幸，一出生就没有人喜欢他的样子，即使是他的母亲，爱梳妆打扮胜过爱德佩罗。父亲敲响了"审判"德佩罗的鼓，哥哥把他押送到地牢门口，母亲虽然在德佩罗被押赴刑场前"晕倒"，但是这晕倒只不过是一次恰到好处的表演。德佩罗爱着他的家人，但是当他遇到困难的时候，他们选择了放弃他而换得自己的平安。

米格的父亲以很少的东西卖掉了米格，而米格把公主引入了地牢；耗子齐亚罗斯库洛因为没有得到公主的爱，而实施疯狂的报复；耗子博缔塞里时常玩弄一个金质的小盒子，这是他的"战利品"，是他骗取犯人的信任以后掠夺来的，这样的事情他做了很多，让那些犯人认为他"爱"他们，然而他的目的却是让他们受罪。

读着这样的故事，不免叫人心痛。爱究竟是什么呢？为什么本来深沉的爱，有了"利"与"害"的时候就变得面目全非了呢？这是不是人生的真相呢？

这是一个关于"世界黑暗"的故事。

故事中爱的扭曲似乎又不是个人所能控制的。德佩罗长得不像其他那些老鼠，这看上去已经是一个异类。他不爱啃书，却爱看书。他竟然为了听音乐与人类的国王和公主坐在一起。老鼠们对待这样的异类，唯一想做的就是除掉他，以免给整个部族带来灾难。

耗子们生活在阴暗的地牢里，他们中曾经也有想寻求光明的（就是那个后来想害公主的齐亚罗斯库洛），但是这是不被允许的，因此耗子们的心理变得更加阴暗。因为王后的去世，国王颁布禁止喝汤的命令，把所有勺子、锅都收起来，堆在地牢里；米格的父亲把米格卖掉……

这就是秩序带给人们的困扰，这就是极端社会化的危害，所有的人、所有的事都纳入社会的体系之中，不能有丝毫的紊乱，否则这个社会就会产生"异动"。需要改变的不是"异类"本身，而是那些能够看到"异类"的眼睛，是让"异类"合理地存在还是绞杀，体现了这个社会是否宽容。

这是一个关于"爱与拯救"的故事。

德佩罗在老鼠的群体中没有得到认可，但是豌豆公主却在见到他的第一刻对他微笑，这种微笑让德佩罗尝到被爱的滋味，心灵不再孤独。德佩罗去地牢需要那轴红线，司线老鼠霍维斯把红线给了德佩罗，并且把一根针绑在他的腰间，使他看起来更像一个骑士，霍维斯的那些话和他行为给了德佩罗力量。厨师因为正在尝一锅美妙的汤而没有选择杀死去地牢的德佩罗。

公主是作者着意塑造的一个美丽、温柔、宽容的形象，她不但深爱她的父母，而且对手脚笨拙的侍女米格也是宽厚有加，她甚至会去关爱一只小老鼠。公主即使在最危难的时刻也没有放弃她的温柔与对他人的期待。就在米格一步步紧逼公主的时候，公主注视着她，一次次温柔地问她："米格，你需要什么？"就是在她的注视下，在她的温柔中，米格把刀转向了耗子们。

这是一个关于"追求梦想"的故事。

故事中的德佩罗爱上了公主，从她看他的第一眼起，能够"英雄救美"就成了他的骑士梦想。

耗子齐亚罗斯库洛在看到火柴光的那一刻，就愿意去追求光明，为此他冒险走入另一个世界。他第一次看到光明，他在枝形吊灯上，看着宴会厅的热闹与繁华，亲近着自己的梦想。

米格想成为一个公主，虽然她贫穷，虽然她愚笨，虽然她不被认可，但在她的心中，她离公主只有一步之遥。

每个人追求梦想的路是不一样的。德佩罗不去啃书而去看书，冒着危险去听音乐，在走出阴暗的地牢后，为救公主再次走入地牢，他是一个理智的追求梦想的人，他又是一个勇敢的追求梦想的人，因为他的理智与勇敢，最终他实现了自己的梦想。

而耗子齐亚罗斯库洛本来是勇于追求光明的，但是因为一次受挫，因为他认为的公主憎恶的目光，便尝试用"罪恶"的报复去对待自己本来很喜欢的公主，想把公主永远囚禁在地牢里。这是追寻梦想的路上的另一种选择，这种选择不但破坏了别人的人生，自己也永远不会再有美好的生活了。

米格呢，她本来是一个被父亲卖掉的女孩，在那个叔叔家经常受到虐待，她曾经看着公主一家在她家附近走过，于是她知道了原来世界上还有如此美丽的公主。一个偶然的机会，她随着运送锅勺的马车来到皇宫，成了宫中的一名侍女，可是她的工作做得很糟。她想成为公主，所以很快便成了耗子齐亚罗斯库洛的帮凶，她认为只要把公主的衣服和她自己的衣服换过来，她就可以成为公主了，这就是她不切实际的梦想。

不同的态度就会获得不同的人生。

这是一个关于"坚守忠诚"的故事。

故事的题目虽然写着"浪漫"，但是故事却把读者一次次带入了黑暗之中，有时那黑暗压抑着我们的心，让我们想要挣脱，想要把这本书放下。但每一次又都会有一点光明让我们不至于丧失信心，接着读下去。作者就是在无边的黑暗中，时常给我们一点光明，让我们的心灵随着挫折与变化不断发展。我不认为这是作者的刻意设置，我想这是出自作者对一些问题的深沉思索。她在不断的追问与回答中挥动她的笔，她在矛盾与成长中前行，我们的心灵也随之完善。

书中的德佩罗没有背叛，他没有背叛他的爱，没有背叛他的梦想，他不管在什么情况下，都爱着豌豆公主，他选择了坚持而不是放弃。当然，还有米格在最关键的时刻，选择了保护公主，没有走到背叛的尽头。

就像作者在一开始就告诉我们的——"世界是黑暗的，光明是宝贵的"，每个人都会在某段时期生活在"黑暗"之中，对前途和命运的未知，挫折和失望的打击让我们的心无处落脚。但是，无论怎样，心中都应该抱有希望，都应该珍视梦想，只有这样，希望之光才能把我们带到我们想去的地方。

我们应该记住一个名字，就是这本书的作者凯特·迪卡米洛，她用独特而细腻的语言给我们讲述了一个动人的故事，很多话令人难以忘记。作者仿佛把爱这颗璀璨的钻石放在了一块漆黑的幕布上，在爱与背叛的交织中，我们的心起起落落。故事究竟在告诉我们什么呢？我想不同的读者会有不同的感受，但是无论如何，就像作者自己说的，"故事就是光明"。这个故事就像是黑暗中的一束光，照射进我们渴望光明的心灵，给我们无尽的遐想与思索……

【阅读观点】

　　每个人都会在某段时期生活在"黑暗"之中，对前途和命运的未知，挫折和失望的打击让我们的心无处落脚。但是，无论怎样，心中都应该抱有希望，都应该珍视梦想，只有这样，希望之光才能把我们带到我们想去的地方。

爱是一段人生旅程

——读《本爱安娜》

《本爱安娜》是一本描写少年情感的书。未满10岁的本亚明爱上了新同学安娜，并为此有了一系列超出寻常的行为和情感波动。这本书描写得很直接，很纯粹，对男孩和女孩之间的情感丝毫没有避讳，他们互相通信，他们互相邀请对方到自己家做客，他们手牵手，他们能够说"亲爱的安娜""你的本"……这种情感与大人的情感是一样的，让他们的内心产生美妙的感觉。本和安娜背后的真情让我们看到了人类最本真的相互依恋，这种依恋，让安娜走出自卑，很快融入新的班级；这种依恋，让本对学校生活充满了期待。这样美妙的感觉让主人公本和安娜度过了一段美好的人生时光。

这本书中的很多情节和语句很有意思，整本书透着德国式的幽默，一种淡淡的却又可以令你发笑的幽默，而你的笑声始终会被控制在嘴里而不是发出来。会有这样奇妙的感觉，我们应该感谢这本书的作者——彼特·赫尔特林。

作者写到很多精彩的句子。有关于父母的，有关于教师的，最有意思的当然是孩子们之间的对话和故事。有的引人发笑，有的富含哲理，让我们这些大人看了都能感受到一种力量，一种生命的力量。

"妈妈转过身去。本知道，她在偷偷发笑。不过，她马上又装出一副严厉的样子来。想严厉也不容易，瞧，她把桌上的调味盐罐都弄翻了。"

"他皱起眉头，脸皮就像是风干老化的苹果。端起汤盆往厨房里走时，他弯腰屈膝活像是一个老大的提线木偶。"

书中描写的西普曼老师就好像在我们的身边一样，他和现实中的教师一样爱冲着学生发火，喜欢大声向学生说话。但是，西普曼老师在处理本和安娜的事情时，我们能够看到他的爱心。当黑板上出现"本爱安娜"的时候，当本为此而感到窘迫的时候，西普曼老师提示，下面还应该有一句，他自己写上了"安娜爱本"。"爱是双方的事。"西普曼老师只说了一句，然后适时地让本离开了令他不自在的教室。

本和安娜的父母并没有阻止他们交往，而且都能够理解他们。他们表现出来的不是讲大道理，而是默默地陪伴，这种陪伴是极大的关怀。

孩子的情感天真无邪，远不像大人想象的那么复杂。本爱安娜，安娜爱本，这是这个故事的主题。两个天真的孩子互相"爱"着，而这种爱超越了世俗对爱的定义。这种爱的纯真与善意，让我们觉得这个世界很美好，很温暖，大人完全没有必要对这样的事情大惊小怪。这种萌动体现着人类童年般的纯真与可爱。

童恋往往会无疾而终，随着儿童兴趣的转移而发生变化，作者并不回避。故事的结局让人觉得有些许沉重——"本病了，安娜走了"。最后的故事究竟是什么样的？不难想象，这种情感经历是本和安娜人生路上一次非常重要的经历，他们会彼此记住，但不一定就这样一直交往下去。本的病好了，会再开始他的生活，安娜到另一个地方，会适应那里的生活，会结识新的朋友，也许还会有本这样的朋友。

在这本书里，爱没有永恒，本和安娜分开了，虽然还可以通信联系，但是，他们都将有自己新的生活。这段情感的波折，在他们的人生中是一段非常重要的体验。

美好留在过去，生活还会继续，不是吗？

本和安娜的父母并没有阻止他们交往，而且都能够理解他们。他们表现出来的不是讲大道理，而是默默地陪伴，这种陪伴是极大的关怀。

孩子的情感天真无邪，远不像大人想象的那么复杂。

这种爱的纯真与善意，让我们觉得这个世界很美好，很温暖，大人完全没有必要对这样的事情大惊小怪。这种萌动体现着人类童年般的纯真与可爱。

永恒与可能

——读《企鹅的故事》

《企鹅的故事》是奥地利作家克里斯蒂娜·涅斯特林格的作品，这部作品获得了国际安徒生奖。

《企鹅的故事》是一个关于爱的故事，爱是人类永恒的主题，在这篇故事中有成人的爱，有孩子的爱，有社会的爱；有美好幸福的一面，也有孤独无奈的一面。当企鹅爱上猫的时候，无奈就已经开始了，因为在人们看来，这永远都是不可能发生的事情。

比尔鲍尔与爱玛的爱，是成人之爱，他们之间虽然有爱，但是彼此并没有感到幸福，所以最终他们分手了。他们为爱而高兴，为爱而烦恼。

埃马努尔爱自己的妈妈（虽然妈妈已经离开了他），爱自己的爸爸，爱姑奶奶阿蕾莎，爱企鹅，爱代课的女教师（因为这位女教师极其像他已经去世的妈妈）。他曾经因为女教师的到来愉快而勤奋地学习，他也曾经因为女教师的离去而放弃上学。这是一个孩子纯真的爱，他因为喜爱而高兴，因为喜爱而烦恼。

姑奶奶阿蕾莎一生孤独，从小失去父母，没有结过婚，没有自己的孩子，在她生命的最后旅程中来到了埃马努尔家，才享受到人间的爱。她心甘情愿地做着一切家务。她爱她的侄子比尔鲍尔，爱她的侄孙子埃马努尔，但是她又怕失去他们的爱。她为爱而高兴，为爱而烦恼。

还有一个特殊的人物——西门比尔格太太，她一个人生活，她很怕冷，即使是夏天也需要做各种保暖措施。她对埃马努尔很好，经常为他收集火柴盒。后来她收养了一只同样因为失去爱而惧怕发抖的老肥猫，她把她的爱给了这只猫。她为猫而高兴，为猫而烦恼。

那只企鹅，那只生错了地方的企鹅，他本来应该出生在南极（北极当然也不错），但是他没得选择，他出生在埃马努尔所在地方的动物研究所里。这里没有其他企鹅，他看不到自己的全貌，只能看到自己的下半身，他也没有朋友。埃马努尔一家对企鹅非常好，但是企鹅需要一个真正的同类做朋友，所以他选择了那只肥猫。他不辞辛苦地"嘎嘎"叫着向肥猫示好，但是引来了无数的烦恼。最后在作者的安排下，他才和猫友好相处，他应该是最烦恼的了。

《企鹅的故事》并不只是一只企鹅的故事，这是一个和企鹅有点关系的故事，故事的主人公还是人，是企鹅的主人埃马努尔。当然，这个故事因为作者的独特安排，不仅属于书中的人物，还属于每一位读者。

作者为读者安排了三个故事结局，一个是悲惨的结局，一个是"大团圆"的结局，一个是贴近现实的结局。读这本书，就像坐在作者的对面，听她给我们讲故事。讲的过程中作者会不时停下来，问我们的感受，给我们作些解释，同时还告诉我们应该怎样讲故事。尤其是故事的结局，作者不但想读者之所想，安排了不同的结局，同时让对这个故事觉得还不过瘾的读者，自己可以续编故事，因为作者还为读者提供了不同的故事线索，让故事可以向着其他方向继续下去。

作者这样写故事，让读者好像站在饭店透明厨房的外面，不但能吃到可口的饭菜，而且清楚了解饭菜的烹调过程，回家后自己也可以进行尝试。甚至在这样开放的厨房里，对厨师的厨艺不满意，还可以亲自下厨。这样的感受无疑是美妙的，因为读者不再是被动的，完全可以参与到故事当中，可以按照自己的想法继续这个故事。

《企鹅的故事》不只是企鹅的故事，更是人与人之间的故事。在这个故事中充满了偶然性，这些偶然性推动了故事的前进；这个故事中也充满了误会，误会让故事向着不同的方向发展。在现实生活中，也充满了太多的偶然性和误会，这些让人的生命历程有所改变，有所不同。但是，人不能寄希望于"运气"，而应该相信只有努力才能够改变命运。就像故事的第三个结局是埃马努尔的父亲比尔鲍尔先生更努力，从而让整个故事发生了变化。每个人都应该成为自己故事的主角，靠自己的努力去获得自己想要的生活。

一部很短的小说，让我们看到了作者非凡的想象力，让读者看到了人生，看到了动物与人，看到了自己。

✐【阅读观点】

在现实生活中，也充满了太多的偶然性和误会，这些让人的生命历程有所改变，有所不同。但是，人不能寄希望于"运气"，而应该相信只有努力才能够改变命运。

每个人都应该成为自己故事的主角，靠自己的努力去获得自己想要的生活。

善待自己，悦纳他人

——读《苦涩巧克力》

《苦涩巧克力》描写的是十五岁的女孩艾芳因为肥胖而感到自卑和孤单，她常用吃巧克力来排解她的苦闷。直到有一天，她遇见了男孩米契，艾芳第一次尝到了被尊重的滋味。最后，米契由于家庭的原因，不得不离开艾芳，而艾芳却没有因为分离而消沉。因为相互欣赏，她已经悟出并不是她身上的赘肉把她与外界隔开，而是她自己内心的想法。在这个过程中，她不但学会了如何接纳自己，也学会了与别人沟通的艺术。

《苦涩巧克力》通过艾芳的成长给读者展示了一种心态，就是要积极地去面对缺陷。本书特别高明的一个地方就是把人生深奥的哲理蕴含在了艾芳的一举一动之中。

艾芳是一个学习不错的学生，但是因为与众不同的肥胖，她有深深的自卑感，因此也很少和人交流。那艾芳是如何从自卑中走出来，变得自信起来的呢？自信不是凭空产生的，一是要有他人的认同，二是要能够看到自己的力量。艾芳感觉到班里的同学认同她的想法，米契喜欢跟她沟通，范西丝卡能跟她做朋友，她这才一点点地自信起来，能够笑着面对自己的肥胖。走在减肥这条路上的艾芳，像所有减肥的人一样，难以面对食物的诱惑，在书中有大量描写她吃东西的细节。

每个人的性格都是在和他人的相处中逐渐形成的。艾芳之所以用巧克力排解她的苦闷，是因为她很小的时候，面对和幼儿园好友分离，她哭得很伤心，有位阿姨给她巧克力吃，才止住了她的哭声。从此，她痛苦的时候就会吃巧克力。

　　如何和他人相处？这是当下孩子最难面对的事情。因为经过了一个独生子女时代，这些当年的独生子女现在也已为人父母，由于他们从小没在家庭里经历和兄弟姐妹相处的种种矛盾冲突，没有积累与人相处的经验，不知如何坚持原则或者作出让步，于是这些家长在教育子女的时候，也会出现同样的问题。加上这是一个网络时代，人与人真实的沟通逐渐减少，这就造成了与人相处的困境。有许多悲剧的发生就与沟通不顺畅有很大的关系。

　　人与人相处，就需要善待自己和悦纳他人。怎么样叫善待自己？不是我想吃就吃、想喝就喝、想玩就玩、想乐就乐，那是放纵自己。善待自己，恰恰是克制自己。善待自己最好的办法，就是让自己发展得越来越好。在我们身边总是有这样的人，因为地域、家庭等原因，会和我们不一样，这并不能证明他们是不好的。悦纳他人，就是接纳别人和我们的不一样。一个善待自己的人，也会悦纳他人，为什么？因为能从不同的人身上学习。

　　欣赏是会产生力量的，艾芳因为米契的欣赏而不断改变着自己。而艾芳的家人却没有给艾芳提供这种力量。这不禁让我思考一个问题，家庭究竟能够带给孩子什么？艾芳的奶奶重男轻女，在奶奶家，艾芳体会到的是不被重视。在自己家，父母对她也是如此，只是要求她，而从来不关注她，不关心艾芳为何如此爱吃。好的父母一定是能够了解孩子的心思，并且给孩子提供实质帮助的。当然这个帮助不只是满足孩子的生活需求，还要能够为孩子提供学习支持、心理支撑。很显然，艾芳的父母没有做到，她妈妈所有的事都听她爸爸的，对女儿有所了解，也不敢提出自己的想法。失去家庭支持的艾芳才变得越来越自卑。

　　《苦涩巧克力》的作者是德国作家米亚姆·普莱斯勒，1940年生于德国中部的达姆市，她曾经营一家牛仔服装店八年。书中写艾芳两次买牛仔裤的情景，第一次艾芳在照镜子的时候，她认为穿大尺码的衣服女店员会笑话她；后来艾芳和范西丝卡去服装店买牛仔裤的时候，又有了另外一幅情景。作者亲眼目睹过很多女孩子来服装店买衣服，也用心观察过像艾芳这样的女孩子买衣服时的犹豫、自卑，所以书中对艾芳的那种状态写得很传神。另外，这本书中有多处描写艾芳吃东西的细节，是小学生学习的典范，家长完全可以和孩子一起欣赏，然后让孩子模仿书中语言写自己生活中的细节，一定会带来不一样的阅读感受。

✎ 【阅读观点】

人与人相处，就需要善待自己和悦纳他人。

善待自己，恰恰是克制自己。善待自己最好的办法，就是让自己发展得越来越好。

一个善待自己的人，也会悦纳他人，为什么？因为能从不同的人身上学习。

好的父母一定是能够了解孩子的心思，并且给孩子提供实质帮助的。当然这个帮助不只是满足孩子的生活需求，还要能够为孩子提供学习支持、心理支撑。

实践是成长的大路

——读《海蒂的天空》

《海蒂的天空》这本书版面字数有 163 千字，对于同学们来说，还是有一定挑战的。

"从小失去双亲的海蒂一直过着寄人篱下的生活，不停地在亲戚家之间'穿梭'。她对于不得不看别人脸色过活感到十分厌倦。当她听到从未谋面的查斯特舅舅在蒙大拿留下一大片土地让她继承时，她决心离开这个自己不是很喜欢的家，尝试去寻找完全属于自己的天空。对于人生地不熟的海蒂来说，在一块全然陌生的土地上建立一个新家是一份颇具挑战性的工作。"海蒂从小失去了双亲，过着寄人篱下的生活。这里面用了一个词"穿梭"，让读者感觉到海蒂的生活状况，是生活在不同的环境里，没有归属感。

"在努力垦荒的过程中，她领悟到，原来离家的目的是为了寻找一个更好的归宿。她不但有了朋友，而且收获了青涩的爱情。虽然蒙大拿并不是她的终点，但在她今后的人生道路上，蒙大拿之行一定会成为她永不磨灭的记忆。"海蒂有了朋友，有了爱情，那里还有她永不磨灭的记忆，一定发生过很多很多的事情。她是怎样收获爱情的？怎么获得友情的？这也是要关注的焦点。

"在蒙大拿那时而蔚蓝时而阴霾的天空下，海蒂收获了她人生中最宝贵的情感。"这里的情感是友情还是爱情?"无论她还将漂泊何方,她将勇敢地面对未知的前程。"她除收获了情感之外,还收获了人生的经验,让她可以去面对很多困难,用很好的方式去对待生活。

这本书的作者是美国的克比·莱森。克比花了三年的时间创作《海蒂的天空》,期间,她曾造访蒙大拿数次。她不知花了多少时间,待在积满厚厚灰尘的法院数据室和报纸储藏室里寻找资料。克比于2007年凭借《海蒂的天空》荣获纽伯瑞儿童文学奖银奖。作者在写这本书之前并不喜欢历史,因为研究她曾祖母在蒙大拿垦荒的资料,结果对历史产生了浓厚的兴趣。《海蒂的天空》中的描写具备真实性,支撑当时的那种社会状况的那些数据或者描写,都是来自作者克比对过去资料的研究。

故事的主人公海蒂也是这样的,她开始不喜欢那片土地。当她离开以后,才知道那片待开垦的土地所带给她的是成长,所以她才会去回忆,戴着玫瑰色的眼镜去回忆。人就是这样,当经历过困难以后,再回头看走过的路,看到的常常是自己的发展、变化、成长。

"还好,在我的草原拼布被上,这几个令人心碎的回忆仅占其中的几小块。"海蒂说了令人心碎的回忆仅占其中的几小块,就是说不愉快的,让她心里受到伤害的回忆还是比较少的。海蒂真的有一床被子叫"草原拼布被"吗?显然不是这样的,海蒂从踏入陌生的境地,到慢慢地熟悉,到慢慢地适应,有一个过程,大概是一年。如果你曾经转学过,从一个熟悉的学校转到一个陌生的学校,对陌生的班级、陌生的老师,你的印象是特别深的,你的生活就像是拼接在一起的。海蒂也是这样,她在草原上的生活是全新的,充满着挑战,所以她说到的是"在我的草原拼布被上,这几个令人心碎的回忆仅占其中的几小块",一是回顾了她的生活,她觉得美好的生活还是很多的;二是从作者幽默的表达可以看出来,草原的生活好像是一截一截的,一片一片的,整个地把它拼起来,才是她在草原上将近一年的所有时光的集合,就像一床被子厚实温暖,让她有踏实的感觉。

"我在自己身上找到了家,也在别人心里找到了家。"海蒂是没有家的，五岁的时候父母双亡，她没有一个固定的家。这里的家，一是指她的物理意义上的家，比如说一座房子，二是指她精神意义上的家，就是她认为这应该是她的家，是一个温暖的地方。后来她到蒙大拿州垦荒的时候，她是有一个小房子的，她觉得她有能力去建设一个属于自己的家。"我在自己身上找到了家"，因为她的精神是在成长的，她从原来的不认同的家到亲自去建设家，她在自己身上发现了，只有自己去建设，才能找到自己的家。"也在别人心里找到了家"，别人是指她的亲戚以及她所接触到的那些人。她有了依恋感，她通过各种事情，通过帮助别人，与"别人"建立了比较牢固的情感关系，她感觉有这种情感关系，家就不只是一个人。在别人的心里找到家，关爱自己的家人，孝敬自己的长辈，因为他们在，家就在，如果他们不在了，家就不完整了。

"有一件东西我没带走：四处为家的海蒂。我不会想念她，一点儿也不。""四处为家的海蒂"，一个含义是说她的漂泊，还有一个含义是表达了她内心的不认同。但是这样的一个海蒂，在蒙大拿州这将近一年的时间里已经不再存在了，为什么？她找到了自己的物理空间的家，也找到自己的精神家园。你看她说"我不会想念她，一点儿也不"，因为她已经和自己的过去说再见了，那样的一个海蒂已经不存在了。

本书最后的一句话："我坐稳了，面向着西部。"她要去干什么？大家知道她收到了一个邀请，她要去改变她的人生。但是"我坐稳了"，是非常非常重要的一点，就是她已经作好了一切准备去迎接新的挑战，她可能会成功，也可能会失败，但是人生不能以成功和失败来形容。面对新的生活，她是信心十足的。

"海蒂的天空"究竟是什么样的天空？可以看封面上的这句话："在蒙大拿那时而蔚蓝时而阴霾的天空下，海蒂收获了她人生中最宝贵的情感。无论她还将漂泊何方，她将勇敢地面对未知的前程。"这好像就是这本书所要传递的精神的力量，一个小姑娘自小就是孤儿，随着她的长大，她已经能够面对周围所有的生活，所有的挑战。"海蒂的天空"不只是真正能够看到的天空，也指心灵空间。每一个人的内心都应该是非常强大的，只要真正用心去感受生命，真正通过做一些具体的事去成长。

作为家长，要为孩子提供真实体验的空间，让孩子尽量从虚拟的游戏世界中走出来。通过真实的体验，让孩子掌握最基本的生活生存技能，成为一个真实的人。就像孩子在虚拟的空间渡过一个一个的难关一样，在现实生活当中孩子也需要不断地努力去渡过一个一个的难关，要在日常生活中面对各种挑战。如果不会洗碗，一定要学会洗碗，如果不会扫地，一定要学会扫地，要会擦桌子，甚至要学会做一道菜。孩子一定要学会做一些最简单的事情。为什么？因为这是人生存的基本需求。学习这些的过程就是体验的过程，也是锻炼的过程，更是心灵成长的过程。真正学会做一些事情了，孩子对家才会有归属感，才是家庭中的一员。

　　这本书给现代家庭的重要启示：在读书的时候要去努力地实践，不要只会纸上谈兵，更重要的是要在生活中能游刃有余，这才是真正完美的人生。读书只是生活的一部分，读书促进思考，让思考更加有思维含量，读书让我们能够创造，创造才是生活的真谛，是生活的意义所在。

✐【阅读观点】

　　每一个人的内心都应该是非常强大的，只要真正用心去感受生命，真正通过做一些具体的事去成长。

　　孩子一定要学会做一些最简单的事情。为什么？因为这是人生存的基本需求。学习这些的过程就是体验的过程，也是锻炼的过程，更是心灵成长的过程。真正学会做一些事情了，孩子对家才会有归属感，才是家庭中的一员。

画出自己的哲学地图

——读《最后一块拼图》

《最后一块拼图》的主角是科尔内留斯，他妈妈叫他科尼。"科尔内留斯，是一个自小就没有见过亲生父亲的男孩，过着孤寂而又无聊的生活。一次偶然的邂逅使他认识了亨丽埃特，她像是一位中了魔法的公主，把科尔内留斯带出了他生活的小圈子。由于他（科尔内留斯）在钢琴方面的天分，他有机会接触到形形色色的人物，戴夫、约亨、让·保罗都成了他的好朋友好搭档。一次外出表演的机会，使他见到了自己的生父，这又一次揭起了他心灵的伤疤。"作为小孩子，他无论如何都不会理解父亲抛下他们母子俩独自离开这样的事实。

开始读本书的时候，你一定会想，科尔内留斯的父亲一定是一个坏人，一定是一个不负责任的男人。但随着阅读的深入，对书中的时代背景了解了更多之后，你可能就会对他的父亲有所理解，尽管不会原谅他，但是会去理解他。站在他的父亲的角度，我们会有这样的认识，就是有时候听从内心的声音，就会不负责任，有时候负责任，可能就需要委屈自己。事实上，人这一辈子总有徘徊、纠结的时刻，也会碰到和科尔内留斯的父亲一样的困难。哲理小说的意义就在于让人思考生命的价值与意义。

"在经历了许多事情之后，他（科尔内留斯）终于明白了人生最大的遗憾不是'未得到'和'已失去'。""未得到"和"已失去"为什么联系在一起？"未得到"就是没有得到，得不到，"已失去"就是没有了，两个都是没有。"未得到"就是他从来没有得到过父亲的爱，"已失去"是他失去了家庭的完整，失去了自己的父亲，从小都没有。最大的遗憾是什么？是没有把握住现在的幸福，总是沉浸在"我失去了""我没有了""怎么得不到"的痛苦中，而不珍惜现在拥有的。

这部哲理小说的作者是德国的西古德·普吕茨，"1960 年生于德国北部梅克伦堡州的布兰肯希小镇。大学时代在柏林度过，主修数学和音乐"。这本书的奥秘就是有太多的情况是在写音乐，是在写演奏音乐，是在写乐谱，写音乐所表现的东西，写音乐带给人的感受。再接着看，"毕业之后，他一直是一位自由音乐人"，现在就应该恍然大悟了，为什么作品当中出现的很多的场合都是和音乐有关的，在酒吧里弹吉他、唱歌、弹钢琴。再往下看，"他对艺术的追求并不仅仅停留在音乐上，他的首部小说《最后一块拼图》一经问世，就获得了读者和评论界的高度赞扬，并在转年荣获德国'奥登堡少儿图书奖'"。

本书中就写了小男孩科尔内留斯的现实生活，父亲不辞而别，他和母亲生活在一起，而母亲最愿意做的事情就是玩拼图。科尔内留斯没有什么寄托，有时候就弹弹钢琴，到外面去寻找欢乐，好在他遇到了一个好人，带领他走入了一个全新的世界，从孤独和无助之中走出来。看来这也是德国青少年所面临的东西，一是现实生活的困境，二是内心的孤独。

哲理性，或者叫哲学的观念和感觉，是德国作品比较显著的特点，看到德国作品的时候，你一定要想想它是不是哲学性的表达。作家也有他的独特之处，就是他的文字总能触碰到读者内心深处最敏感的地方，使读者产生强烈的共鸣。

"坚持个性"就是被过去的自己所束缚，这就是一个哲学话题。所谓的个性也是要发展的。成功最重要的指标是不虚度人生，每一天都有收获，这是每一天都在成功，都在变化，都在发展了。哲学可以引导人更好地生活下去，《最后一块拼图》当中的主人公，从不能正确地认识自己，到认识到自己的力量，实现了生命的转变。从书中我们可以看到，母亲的哲学，音乐家的哲学，孩子的哲学，他们的哲学是不太一样的，但每一个人都在自己的哲学的指导下生活着。家长要从生活的细节中，慢慢培养孩子的哲学观念，用这些建立在生活体验的基础上的不断总结和提炼出来的哲学观念为孩子的一生奠定基础。

人自从生下来就生活在哲学之中，孩子有孩子的哲学，大人有大人的哲学，但是无论是谁，无论怎么样，每个人都要很好地思考人生，努力过好自己的人生，这才是最重要的。因为哲学是为了人生，为了美好人生才存在的。

✏️ 【阅读观点】

"人生最大的遗憾不是'未得到'和'已失去'。"最大的遗憾是什么？是没有把握住现在的幸福，总是沉浸在"我失去了""我没有了""怎么得不到"的痛苦中，而不珍惜现在拥有的。

人自从生下来就生活在哲学之中，孩子有孩子的哲学，大人有大人的哲学，但是无论是谁，无论怎么样，每个人都要很好地思考人生，努力过好自己的人生，这才是最重要的。因为哲学是为了人生，为了美好人生才存在的。

自己探寻意义

——读《神秘的公寓》

《神秘的公寓》的主角是诺拉。诺拉年龄很小的时候失去了双亲，寄人篱下。她寄养在达格家的时候，他们家搬到了一座神秘的公寓里。她和达格一家的关系在本书中没有写到特别多。但是大家可以感受到，达格的父母非常尊重诺拉，有时候不跟达格聊天，也要有意识地跟诺拉聊天，他们就是想让诺拉减轻心理负担，能够健康快乐地成长。诺拉其实能够感受到达格的父母对她的关照，以及达格对她的帮助和爱护。达格是非常优秀的男孩子，对于诺拉来说，不但是现实生活中的一个支撑，也是在精神和心理上的一个支柱。

来到神秘公寓之后，发生了很多事情，诺拉步步追踪。她去找了胡尔达等人，去了很多场所，去探究事情的真相。在探究过程中，诺拉变得成熟起来了。比如，她接到神秘的电话之后，天然地知道不应该把这个电话告诉达格，告诉达格父母，更不能告诉外人。探视胡尔达的时候，跟胡尔达聊了很多，但是她并没有把这个秘密告诉别人。当她有一天知道了，她自己的外祖母和那个阿格妮丝是姊妹的时候，她就非常理智地去找外祖母，和她的外祖母进行交流，她要探究事情的真相。诺拉独自坐火车去探视胡尔达，还给胡尔达送鲜花或者带礼物，她非常理智地去跟她外祖母聊天，她外祖父把她送到车站的时候，她也很理智地跟她的外祖父进行交流。

这部作品的主题，从第一个角度讲是家庭，诺拉的家。诺拉的父母在车祸中都去世了，她成了孤儿，被亲戚收养，但是，她并没有很快地很好地融入这个家庭之中，她内心很痛苦，她多次生病，和体质有关系，也和她的心情有关系。有时候，生病也是一种逃避，生病了更容易获得别人的关注和疼爱。生活中有些孩子经常会生病，一是身体不强壮的原因，有时候也是精神心理不够强的原因。诺拉的内心肯定是有一定的问题的，但没人关注她，认为她已经找到一个好人家，可以好好生活了。其实，诺拉内心的孤独是没有人从根本上去关注去体会的。诺拉去探索神秘的事件的时候，她的注意力转移了，从她觉得老天对自己那么不公平转移到了去探索那个神秘世界。在一步一步的探索中，她的内心也变得强大起来。她发现，原来有人比她更痛苦，仍然坚强地生活、面对，所以她没有理由消极面对。后来，诺拉的身体也慢慢好起来，证明她的内心是在逐渐强大的。

家庭关系，有时候会困扰我们，限制我们的发展，生活中，有很多家庭看上去是幸福的，但有的孩子的幸福感却比较低，父母对孩子的爱孩子体会不到或认为是天然的、应该的，所以孩子的内心并没有觉得温暖、鲜活、充实，他们对生命、生活的价值、意义缺少感知能力。每一个人自己生命的价值和意义一定要靠做一些有意思、有意义的事来证明、体现。因此，孩子要读书，要写作，要有自己的爱好特长，去打球，去弹琴，去唱歌，去游泳，去跑步，去做一切有价值和意义的事情，来让自己变得充实起来。所以我们也提倡让孩子多参加一些体力劳动、体育活动，一方面可以增强孩子的体质，一方面也是对孩子的精神和意志的训练。

我们生活在一个人工智能转型的时代，人工智能能帮助人们解决很多生活的问题，但是无法解决人们内心的问题，不可能让我们的精神强大起来，不可能让我们的意志更加坚强，这个唯有靠我们自己去训练和磨炼。

书中还谈到了学校生活，诺拉要外出学习，甚至要到工厂里去学习。

这就是基本的劳动教育。在过去，我国也有一段时期是比较重视劳动教育，要到农村去，要干农活，有的要到工厂去，要勤工俭学。而现在的学生则有了外出考察、参观博物馆等实践活动。学生不能死读课本，还要有实践的能力，这是一个社会对教育提出的要求和评价的标准。

作品中所反映的时代是一个工业时代，它要求学生具有基本的技能，所以学生要去工厂学习。而在我们的观念里，读书是最重要的，去实践、去做事没有读书考大学那么重要。于是就出现了没有实践能力，没有真正的操作能力，不愿意融入社会的一批人，这显然是一个社会的悲哀，也是一个家庭的无奈。根源在哪里？值得我们每一个人认真思考。

读这本书对我们还有这样一个启示，对孩子进行教育，不但要提供条件让他们读书，更要创造条件让他们去实践，让孩子到生活中体验生活，找到自己的位置，这样孩子才有勇气面对自己遇到的困难。明确生活的价值，发现人生的意义，这样的生活才有动力。

🖊 **【阅读观点】**

每一个人自己生命的价值和意义一定要靠做一些有意思、有意义的事来证明、体现。我们也提倡让孩子多参加一些体力劳动、体育活动，一方面可以增强孩子的体质，一方面也是对孩子的精神和意志的训练。

对孩子进行教育，不但要提供条件让他们读书，更要创造条件让他们去实践，让孩子到生活中体验生活，找到自己的位置，这样孩子才有勇气面对自己遇到的困难。

【阅读思考】

1. 读了这一章，作者提到的17本书，

你记得的书是＿＿＿＿＿＿＿＿＿＿＿＿＿＿＿＿＿＿＿＿＿＿＿＿＿

以前你就读过的书是＿＿＿＿＿＿＿＿＿＿＿＿＿＿＿＿＿＿＿＿＿

你最想读的一本书是＿＿＿＿＿＿＿＿＿＿＿＿＿＿＿＿＿＿＿＿＿

17本书中只有2本中国原创作品，你对翻译作品的看法是＿＿＿＿＿

2. 阅读是为美好人生的，这些书能够给人生带来哪些启示呢？

书　名	对儿童生命的启示	对成人的作用

3. 人是社会性的存在，生命过程中一定要处理好与他人的关系，这些书会教给儿童处理这些关系吗？

书　名	与谁相处	怎样相处

【阅读行动】

根据你的标准，选择一本书和孩子共读，然后进行交流。

阅读书目：＿＿＿＿＿＿＿＿＿＿＿＿＿＿＿＿＿＿＿＿＿＿＿＿＿＿

伴读方式：＿＿＿＿＿＿＿＿＿＿＿＿＿＿＿＿＿＿＿＿＿＿＿＿＿＿

＿＿＿＿＿＿＿＿＿＿＿＿＿＿＿＿＿＿＿＿＿＿＿＿＿＿＿＿＿＿＿＿

讨论话题：＿＿＿＿＿＿＿＿＿＿＿＿＿＿＿＿＿＿＿＿＿＿＿＿＿＿

效果预设：＿＿＿＿＿＿＿＿＿＿＿＿＿＿＿＿＿＿＿＿＿＿＿＿＿＿

＿＿＿＿＿＿＿＿＿＿＿＿＿＿＿＿＿＿＿＿＿＿＿＿＿＿＿＿＿＿＿＿

✐【阅读思考】

1. 从这些文章中，你体会到"儿童立场"是＿＿＿＿＿＿＿＿＿＿

对你选书和读书的启发是＿＿＿＿＿＿＿＿＿＿＿＿＿

2. 从这 49 本书的读后感，你发现作者写读后感的结构了吗？这种结构表现了作者什么样的思维方式？对你阅读、如何阅读和理解有帮助吗？

3. 阅读需要结构，有结构的阅读会让你发现书中更深远的意义。你想建立什么样的阅读结构呢？

✐【阅读行动】

成为有思想的伴读者，就要经历思考的过程，只有记录下自己的思考，才会让思想定型，你准备怎样阅读，怎样记录自己的思考呢？是和孩子一起，还是自己先行动起来？

列出你的阅读计划或者伴读计划吧。

> 阅读书目：＿＿＿＿＿＿＿＿＿＿＿＿＿＿＿＿＿＿＿＿＿
> 阅读目标：＿＿＿＿＿＿＿＿＿＿＿＿＿＿＿＿＿＿＿＿＿
> 阅读进程：＿＿＿＿＿＿＿＿＿＿＿＿＿＿＿＿＿＿＿＿＿
> ＿＿＿＿＿＿＿＿＿＿＿＿＿＿＿＿＿＿＿＿＿＿＿＿＿＿
> ＿＿＿＿＿＿＿＿＿＿＿＿＿＿＿＿＿＿＿＿＿＿＿＿＿＿
> ＿＿＿＿＿＿＿＿＿＿＿＿＿＿＿＿＿＿＿＿＿＿＿＿＿＿
> 阅读记录：＿＿＿＿＿＿＿＿＿＿＿＿＿＿＿＿＿＿＿＿＿
> ＿＿＿＿＿＿＿＿＿＿＿＿＿＿＿＿＿＿＿＿＿＿＿＿＿＿
> ＿＿＿＿＿＿＿＿＿＿＿＿＿＿＿＿＿＿＿＿＿＿＿＿＿＿
> ＿＿＿＿＿＿＿＿＿＿＿＿＿＿＿＿＿＿＿＿＿＿＿＿＿＿
> 阅读效果：＿＿＿＿＿＿＿＿＿＿＿＿＿＿＿＿＿＿＿＿＿
> ＿＿＿＿＿＿＿＿＿＿＿＿＿＿＿＿＿＿＿＿＿＿＿＿＿＿

小学生阅读推荐书目（100本）

一年级上学期

书　名	作　者
文学（3本）	
《蝴蝶·豌豆花》	金波/诗歌主编　蔡皋/绘画主编
《一园青菜成了精》	北方童谣/编　周翔/绘
《我有友情要出租》	方素珍/著　郝洛玟/图
科学与数学（2本）	
《第一次发现·濒临危机的动物》	法国伽利玛少儿出版社/编　（法）皮埃尔·德·雨果/图　王文静/译
《神奇的校车·在人体中游览》	（美）乔安娜·柯尔/文　（美）布鲁斯·迪根/图　蒲公英童书馆/译
人文与艺术（2本）	
《盘古开天地》	杨亚明/文　岳海波/图
《花巴掌》	山曼/编

一年级下学期

书　名	作　者
文学（3本）	
《我用32个屁打败了睡魔怪》	彭懿/著　田宇/绘
《野葡萄》	葛翠林/著
《笨狼的故事》	汤素兰/著
科学与数学（2本）	
《我的野生动物朋友》	（法）蒂皮·德格雷/著　（法）阿兰·德格雷，茜尔维·罗伯特/图　袁筱一/译
《蚯蚓的日记》	（美）朵琳·克罗宁/文　（美）哈利·布里斯/图　陈宏淑/译
人文与艺术（2本）	
《三字经》	（南宋）王应麟/著　崔海飞/编
《中国民俗故事·年除夕的故事》	恒展/文　冢珉/图

二年级上学期

书　名	作　者
文学（3本）	
《梁山伯与祝英台》	唐亚明/文　于虹呈/图
《三毛流浪记全集（彩图版）》	张乐平/原作
《小猪唏哩呼噜》	孙幼军/著
科学与数学（2本）	
《池上池下》	邱承宗/著
《小牛顿科学馆·恐龙大追踪》	台湾牛顿出版公司/编著
人文与艺术（2本）	
《小老鼠上灯台（童趣歌）》	金波/编
《灶王爷》	熊亮/著　熊亮、马玉/绘

二年级下学期

书　名	作　者
文学（3 本）	
《没头脑和不高兴》	任溶溶 / 著
《小鱼散步》	陈致元 / 文图
《妹妹的红雨鞋》	林焕彰 / 著
科学与数学（2 本）	
《动物王国大探秘·听海洋生物讲故事》	（英）茱莉亚·布鲁斯 / 著　（英）兰·杰克逊 / 绘　王艳娟 / 译
《地上地下》	（法）安妮－索菲·鲍曼 / 著　（法）克罗蒂尔德·贝汉，（法）亚历山大·赫德 / 绘，王茜 / 译
人文与艺术（2 本）	
《笠翁对韵》	李渔 / 著
《盘中餐》	于虹呈 / 著绘

三年级上学期

书　名	作　者
文学（3 本）	
《我是一个可大可小的人》	任溶溶 / 著
《鼹鼠的月亮河》	王一梅 / 著
《亲爱的汉修先生》	（美）贝芙莉·克莱瑞 / 著　柯倩华 / 译
科学与数学（3 本）	
《来喝水吧》	（澳）葛瑞米·贝斯 / 文图　影子 / 译
《热带森林历险记 1：云豹的怒吼》	（韩）洪在彻 / 文　（韩）李泰虎 / 图　苟振红 / 译
《鼹鼠博士的地震探险》	（日）松冈达英 / 文图　蒲蒲兰 / 译

书　名	作　者
人文与艺术（3本）	
《黄帝诞生》	郭先芳／文　许锦集／图
《希腊神话故事》	聂作平／编著
《童话山海经：巴蛇吞象》	萧袤／著

三年级下学期

书　名	作　者
文学（3本）	
《神笔马良》	洪汛涛／文　王晓鹏／图
《宝葫芦的秘密》	张天翼／著
《爱德华的奇妙之旅》	（美）迪卡米洛／著　（美）伊巴图林／绘　王昕若／译
科学与数学（3本）	
《奇妙的数王国》	李佩毓／著
《游戏中的科学》	（德）汉斯·尤尔根·普雷斯／著　王泰智，沈惠珠／译
《数学就是这么简单：大与小＆关于时间的一切》	（英）史蒂夫·魏，（英）弗雷西亚·罗／著　马克·毕驰／绘　曾候花／译
人文与艺术（3本）	
《讲给孩子的中国地理》	刘兴诗／著
《千家诗》	谢枋得，王相／编选　李乃龙／译注
《成语故事》	李新武／编写

四年级上学期

书　名	作　者
文学（3本）	
《我的妈妈是精灵》	陈丹燕／著

书　名	作　者
《小英雄雨来》	管桦/著
《长袜子皮皮》	(瑞典) 林格伦/著　李之义/译
科学与数学（3本）	
《昆虫记（美绘版）》	(法) 法布尔/著　王光选/译
《森林报·春》	(苏) 维·比安基/著　王汶/译
《要命的数学》	(英) 卡佳坦·波斯基特/著　(英) 菲利浦·瑞弗/绘　张习义/译
人文与艺术（3本）	
《北京的春节》	老舍/文　于大武/图
《给孩子的古诗词》	叶嘉莹/选编
《山海经（白话全译彩图版）》	徐客/著

四年级下学期

书　名	作　者
文学（3本）	
《稻草人》	叶圣陶/著
《汉字奇兵》	张之路/著
《爱丽丝漫游奇境记》	(英) 刘易斯·卡罗尔/著　王永年/译
科学与数学（3本）	
《小学生最爱玩的380个思维游戏》	邓代玉, 刘青/主编
《让孩子着迷的77×2个经典科学游戏》	(日) 后藤道夫/著　施雯黛, 王蕴洁/译
《数字的秘密生活——最有趣的50个数学故事》	(美) 乔治·G·斯皮罗/著　郭婷玮/译
人文与艺术（3本）	
《蔡志忠古典漫画：老子说·庄子说》	蔡志忠/著

书 名	作 者
《中国节（美绘版)》	贺绍俊，吉国秀／著　贾晓曦／绘
《中国民间传说》	袁珂／著

五年级上学期

书 名	作 者
文学（3 本)	
《草房子》	曹文轩／著
《神秘的公寓》	（瑞典）玛丽亚·格里珀／著　任溶溶／译
《哈利·波特与魔法石》	（英）J.K. 罗琳／著　苏农／译
科学与数学（3 本)	
《101 个神奇的实验：101 个水的实验》	（德）安提亚·赛安，艾克·冯格／著 （德）夏洛特·瓦格勒／图　谢霜／译
《物种起源（少儿彩绘版)》	苗德岁／著　郭警／绘
《启发每个人思维的数学小书》	（美）莉莉安·李伯／著　休·李伯／绘 朱灿／译
人文与艺术（3 本)	
《书的故事》	（苏）伊林／著　胡愈之／译
《少年音乐和美术故事》	丰子恺／著
《我们的母亲叫中国》	苏叔阳／著

五年级下学期

书 名	作 者
文学（3 本)	
《城南旧事》	林海音／著
《狼王梦》	沈石溪／著
《蓝色的海豚岛》	（美）奥台尔／著　傅定邦／译

书　名	作　者
科学与数学（3本）	
《海底两万里》	（法）儒勒·凡尔纳／著　赵克菲／译
《偷脑的贼》	潘家铮／著
《数学维生素》	（韩）朴京美／著　姜镕哲／译
人文与艺术（3本）	
《林汉达中国历史故事集》	林汉达／著
《这就是二十四节气》	高春香，邵敏／文　许明振，李婧／绘
《孔子的故事》	李长之／著

六年级上学期

书　名	作　者
文学（3本）	
《西游记》	吴承恩／著　黄肃秋／注释
《给孩子的散文》	李陀，北岛／编
《毛毛（新译本）》	（德）米切尔·恩德／著　杨武能／译
科学与数学（3本）	
《叶永烈讲述科学家故事100个》	叶永烈／著
《超级建筑》	（英）迈克尔·考克斯／著　（英）迈克·菲利普斯／绘　徐风／译
《逃不出的怪圈——圆和其他图形》	（英）卡佳坦·波斯基特／著　（英）飞利浦·瑞弗／绘　王建国／译
人文与艺术（3本）	
《给孩子的历史地理》	唐晓峰／著
《吴姐姐讲历史故事》	吴涵碧／著
《我的第一本艺术启蒙书》	（法）贝亚特丽斯·丰塔内尔／著　李钰／译

六年级下学期

书　名	作　者
文学（3本）	
《三国演义》	罗贯中 / 著
《朝花夕拾》	鲁迅 / 著
《天蓝色的彼岸》	（英）亚历克斯·希勒 / 著　吕良忠 / 译
科学与数学（3本）	
《古生物学家工作揭秘》	（英）理查德·斯皮尔伯利，（英）路易斯·斯皮尔伯利 / 著　万颖慧 / 译
《所罗门王的指环：与鸟兽虫鱼的亲密对话》	（奥）劳伦兹 / 著　游复熙，秀光容 / 译
《数字——破解万物的钥匙》	（英）卡佳坦·波斯基特 / 著　（英）菲利浦·瑞弗 / 绘　张乐 / 译
人文与艺术（3本）	
《史记故事》	司马迁 / 著　孙侃 / 编写
《图解诗经》	吴锋 / 编著
《中国神话传说（简明版）》	袁珂 / 著

阅读行动的意义

我自 2005 年 7 月开始接触儿童文学阅读，并关注儿童阅读，带领儿童阅读，把自己关于儿童阅读的一些思考和行动展示给大家看，是希望能够给大家带来一点启发，一点变化。

本书分为上篇和下篇。

上篇是"儿童阅读的思考"。选取了 12 篇关于儿童阅读的文章，这些文章多数发表过，代表了我对儿童阅读的一些观点和主张，也有我在带领儿童阅读的过程中产生的感悟和困惑。

下篇是"儿童阅读的行动"。是从我写的 80 多本书的读后感中挑选的 49 篇我比较喜欢的文章。

我把这些阅读感悟按照适合低、中、高三个年段的学生阅读的书目分为三部分。不管是家长还是教师，可以对照着这些文章选择阅读书目应用。三部分的题目，我是用心思考的，"体验爱的温暖""品尝生命的味道""黑暗中的一束光"可以说是小学生阅读的三个阶段。亲子阅读是建立亲子关系的基础，也是孩子踏进阅读大门的基础，在这个阶段的阅读如果过于功利，孩子就会拒绝阅读，所以，这是一个很重要的阶段，家长应该放下功利的目的，和孩子在阅读中体验、感受，而不是追求从中收获那些所谓的道理。大人信赖孩子，孩子才会信赖大人，才能走进阅读的美好世界。中年段的孩子应该可以自由阅读了，这时候大人要懂得放手，让孩子在阅读中学会阅读，在经历阅读的过程中不断体验，积累经验，不断成长，所以要"在经历中成长"。会阅读的孩子才是有思想的孩子，一个人只有具备了独立的思维，才能够不盲从、不迷茫，这种思想就像一束光，照亮着前进的路。高年段的孩子应该在阅读过程中不断丰富和完善自己的思想，在多样化中发现自己的独特性。

我曾经说过，一个好的教师，不用去研究教育学、心理学，只要阅读100本优秀的中外儿童文学名著，就能够了解学生，就能够成为一位优秀的教育者。家长也一样。

我希望通过一位阅读者的"下水"，让读者看到一种阅读者的样态。阅读是思考的过程，这些思考应该通过写作来定型。记录自己的阅读生活，是一个阅读者应该有的生活。当然，我的个人感悟是很浅陋的，明显带有一种写作的套路——先是叙述故事，然后抒发感悟，最后引向教育。这是我一个阅读者，同时又是一名教师的"烙印"，就像文化的"尾巴"一样，是我自己不能去除的。

阅读是一件美妙的事情，应该放下戒备心，放下功利心，让自己的心经历一次次洗礼。

我要通过大量阅读，发现儿童文学的意义，在这个过程中，最大的受益者是我自己。我在成长、生命、死亡等哲学命题上都有了更为具体的思考，也发现了人生更多的意义。在每次要给学生讲一本书之前，我都要进行反复阅读，发现一本书的教学意义，把学生不易发现的部分，以他们能够接受的方式呈现出来。

成人既要做一名阅读者，也要成为一名好的伴读者，所以，必须进入到阅读中，与角色对话，与作者对话，与自己对话，也尝试着通过作品与孩子对话。这样，才是一名合格的伴读者。

我多年的阅读感悟是，只要有了方向，就一直走，因为走着走着就到了。所以，不管现在是否已经开始了阅读，是否已经开始了领读，是否在伴读，只要从现在开始，一直走，走着走着就到了你想去的地方。

这就是行走的意义，这就是阅读的意义。

李怀源

2019 年 12 月 10 日